# MULHERES CERTAS QUE AMAM HOMENS ERRADOS

# MULHERES CERTAS QUE AMAM HOMENS ERRADOS

Kristina Grish

TRADUÇÃO DE

Sonia Augusto

Editora Gente

**Editora**
Rosely M. Boschini

**Assistente editorial**
Rosângela Barbosa

**Capa**
Guilherme Xavier

**Projeto gráfico**
Neide Siqueira

**Copidesque**
Editora Gente

**Preparação**
Maria Cecília Caropreso

**Revisão**
Alessandra J. Gelman Ruiz

**Diagramação**
Join Bureau

Título original: *Addickted: 12 steps to kicking your bad boy habit*

Rua Pedro Soares de Almeida, 114
São Paulo, SP – CEP 05029-030
Telefone: (11) 3670-2500
Site: http://www.editoragente.com.br
E-mail: gente@editoragente.com.br

**Dados Internacionais de Catalogação na Publicação (CIP)**
**(Câmara Brasileira do Livro, SP, Brasil)**

Grish, Kristina
Mulheres certas que amam homens errados / Kristina Grish ; tradução de Sonia Augusto. – São Paulo : Editora Gente, 2007.

Título original : Addickted : 12 step to kicking your bad boy habit
Bibliografia.
ISBN 978-85-7312-542-9

1. Comportamento compulsivo 2. Compulsão sexual 3. Encontro (Costumes sociais) 4. Escolha do companheiro 5. Homem-mulher – Relacionamento 6. Mulheres – Psicologia 7. Relacionamento compulsivo I. Título.

07-1291 CDD-158.2

**Índices para catálogo sistemático:**

1. Homens e mulheres : Relacionamento : Psicologia aplicada 158.2
2. Relacionamento homem-mulher : Psicologia aplicada 158.2

*Para Scott, a razão da minha vida*

## ALERTA

Exposição excessiva a homens errados pode causar perda de dinheiro, de sanidade ou de auto-respeito devido a uma incapacidade de resistir ao irresistível. Ei! Sabemos que eles são gostosos. Mas isso não quer dizer que sejam bons para você...

# AGRADECIMENTOS

AGRADEÇO ESPECIALMENTE a meus amigos e a minha família por seu amor e incentivo, em especial a Alia Malley, Allison Keane, Scott Mebus, Alva Polinsky e Johnny Vulkan por seus comentários valiosos. Quero agradecer também a minha editora, Jennifer Kushnier, e a toda a equipe da Polka Dot Press por seu apoio. E, por fim, sinto-me especialmente grata a minha agente, Elisabeth Weed, por acreditar que os caras legais são de fato os novos belos. E pensar que aceitamos menos que isso por tanto tempo...

SUMÁRIO

# INTRODUÇÃO

# FALANDO COMO UMA VERDADEIRA APAIXONADA

**Nos dez últimos anos**, brinquei com fogo e cometi uma série de negligências, por exemplo, quando tive bronquite, achei que fumar um maço inteiro que tinha acabado de comprar era parte dos primeiros-socorros; andei na garupa de motos sem capacete, fiz um passeio de canoa com meu chefe (casado) e condicionei meu olfato a preferir homens que cheiravam a uísque àqueles que recendiam a loção pós-barba. Eu já havia conhecido caras legais antes, mas quase sempre eles não tinham a atitude indiferente em relação à vida e ao amor que considero incrivelmente deliciosa. É sempre o malandro irresistível que tem a capacidade estonteante de deixar as mulheres loucas: loucas pelo abandono sexual, pela frustração emocional, pela vontade de se entregar, e pela necessidade de conquistar. Raramente confiamos em homens que se comportam mal, mas mesmo assim quase nunca deixamos de nos apaixonar por seu charme desonesto, caráter sem princípios e atenção passageira.

Meu nome é Kristina... e eu me apaixono pelos homens errados.

O bom é que não estou sozinha, e, como você está lendo este livro por motivos óbvios, também você não está só. Não é possível contar o número de mulheres que confessam ter uma obsessão semelhante por charmes excêntricos e cabelos despenteados, mas que não têm idéia de como mudar seus padrões de namoro destrutivos. Deixe-me adivinhar: no fundo, você deseja adorar um príncipe e sabe que merece isso. Mas também não sabe como deixar de devorar um tipo de homem e acolher o outro. Você trabalhou duro para aprender como lidar com essas armadilhas imprevisíveis e como romantizá-las, e namorar fora desse universo exige uma drástica mudança psicológica e de paradigma. Será que um cara legal será um tédio na cama? Ele a cobriria de atenções, e você o trataria muito mal se ele fizesse isso?

Como a maioria das mulheres sensatas, eu sempre soube que não iria passar a vida com um homem atraente e destrutivo, mas nunca deixei de ter um por perto, levei muitos tombos e, infelizmente, me machuquei mais a cada experiência. Então, há mais de três anos, decidi assumir a responsabilidade por minhas ações. Eu não poderia mais me apaixonar por homens errados para aumentar minha autoconfiança, não esconderia namorados espalhafatosos dos amigos e da família, nem me permitiria "só mais unzinho" no fim de uma festa. Estava cansada de mentiras e desculpas, incentivadas por outras mulheres que sofriam do mesmo mal. Assim, depois de algumas conversas com amigas que também haviam passado por isso, tomei a decisão consciente e determinada de me abrir para O Outro. Dei um salto de fé, impulsionada por um drinque forte, e, antes que eu percebesse, estava loucamente apaixonada por um cara legal só meu.

No entanto, a estrada para o amor não foi isenta de buracos, e demorou meses até eu perceber que "legal" não precisa ser sinônimo de profissionalmente tedioso, socialmente desajeitado nem emocionalmente covarde. Muitas vezes, legal pode ser a chave para um relacionamento maravilhoso. Como esta viciada aqui em jeans esfarrapados foi capaz de reconhecer o seu problema e estava disposta a confrontá-lo, desenvolvi meu próprio Programa de 12 Passos para recuperação de namoros, com o objetivo de ajudar as entusiastas por homens errados a descobrir uma vida amorosa plena, sensual e impetuosa sem um sacana óbvio a tiracolo. Sabem de uma coisa? Isso traz mais benefícios do que usar um *top* curtinho em um bar cheio de estudantes baderneiros.

Não me entendam mal: não tenho uma história de sucesso do tipo "mais-santa-do-que-você" e sei muito bem que não sou um estudo de caso de "cura". Mas essa é, na verdade, a beleza de se viver uma vida amorosa em doze passos. Como a mudança não é um conserto rápido, e sim um processo de compromisso, nunca se recebe o título oficial de "ex" ou "antiga" (além disso, você já tem vários desses prefixos ligados a seu nome). Uma vida amorosa sóbria tem a ver com saber quando ceder às paixões e quando controlá-las. Sei bem que não adianta jurar que nunca mais vou olhar para um homem errado e nem me preocupar se vou continuar firme em minhas decisões amanhã. Em vez disso, concentro-me em lidar agora com as questões difíceis, um dia por vez.

Mas chega de falar de mim! Sem dúvida, este livro irá ajudar todas as apaixonadas por homens errados a perceberem que os relacionamentos positivos com caras legais não exigem sacrifício da imagem, rebaixamento de padrões ou mudança nas prioridades sociais em benefício de homens essencialmente tediosos. Seguir esses doze passos é trabalhar em direção a uma vida satisfatória, feliz e útil, que, acredite se quiser, pode existir sem o vento em seus cabelos ou a mão de um homem em sua calcinha.

CAPÍTULO 1

# QUAL O SIGNIFICADO DE PAIXÃO?

**Segundo especialistas na área** e mães paranóicas de todo o mundo, a paixão normalmente se caracteriza por um sentimento muito forte em relação a algo, que pode chegar a tirar a razão e ser prejudicial psicológica, social ou fisicamente, e que, em casos extremos, induz ao hábito.

O problema é que estamos lidando com a *paixão por homens errados*, e não simplesmente com a paixão, embora eu tenha a certeza de que você percebeu que existe uma superposição. Do mesmo modo que a paixão, a *paixão por homens errados* relaciona-se com uma obsessão doentia que tem um alto preço para sua mente.

Se você ainda não adivinhou, a principal diferença entre a paixão e a *paixão por homens errados* é que esta última refere-se ao impulso insaciável que uma mulher sente por... bem-dotados. E quando digo bem-dotado me refiro à personalidade de um homem e não a seu órgão genital, apesar de que, quando se está envolvida nisso, as duas coisas tendem a se misturar. Eu não chegaria a afirmar que a *paixão por homens errados* seja uma doença, embora seja bom fazer exames médicos se perceber uma necessidade intensamente compulsiva de viver rodeada por inumeráveis parceiros sexuais 24 horas por dia, sete dias por semana.

## Então, qual é o seu ponto, ou melhor, lugar?

Para determinar se você é uma apaixonada por homens errados, segundo a definição deste Programa de 12 Passos, comece por examinar a lista a seguir e assinale as características que a definem.

Você sabe que é uma apaixonada por homens errados quando...

- Usa os homens errados para aumentar sua autoconfiança.
- Procura locais com pouca luz e pensa neles com freqüência.
- Tenta controlar as farras mudando o tipo de garoto com quem cai na farra.
- Esconde cuecas, camisetas de shows ou outros itens esquecidos pelos homens em sua casa, e os usa depois, sozinha.
- Passa um tempo escondendo-se com homens errados e mente sobre isso para os amigos e para a família.
- Faz amizade com os rapazes mais populares e festeiros do escritório.
- Opta por não lembrar no dia seguinte daquilo que foi dito ou feito na noite anterior.
- Faz amor de manhã para aliviar a culpa, o medo e ressacas emocionais severas.
- Esquece de comer ou come demais durante as emoções de uma caçada a um homem errado.
- Promete que nunca mais irá cair na farra com um homem errado.
- Treme violentamente, alucina ou tem convulsões para atrair sua próxima conquista.

Se você assinalou pelo menos três dos sintomas acima, desculpe, mas tudo indica que você é uma apaixonada por homens errados. A parte boa é que isso não é nada perto do que sentiu quando seu ex disse que acreditava em relacionamentos do tipo "não pergunte/não conte" e você foi obrigada a aceitar o papel de ser uma surda-muda emocional com uma bela bunda.

Que tal falarmos sobre a realidade? Ao contrário da crença estereotipada, o homem errado não pode ser definido apenas como um homem com barba por fazer, com uma camiseta branca e uma tendência a se referir a sua mãe como "aquela mulher *sexy* que fuma... qual é mesmo o nome dela?" A vida real não envia sinais tão óbvios, e o namorado negligente de uma mulher pode ser o melhor amigo de outra, e por isso não é realista definir "tipos" de homens errados (falaremos mais sobre isso). Contudo, pode-se dizer que todos os homens errados comportam-se mal. Um impulso egoísta ou uma empolgação momentânea permeia a vida deles, e são usados para tornar seu jogo irresistivelmente atraente. Como as características dos homens errados são sintomas de comportamento e não protótipos em cópia carbono, os homens errados entram e saem de nosso mundo em roupas, carros e classes variadas. Um homem errado pode convidar você para tomar um drinque ao pôr-do-sol no iate do pai, enquanto outro pode agarrá-la no banco de trás do Fiat e arrotar Coca-Cola nas suas costas.

No fim das contas, o que transforma um homem errado em um namorado tão tóxico é especificamente o modo como ele a trata, e que logo faz com que você duvide, sofra, grude nele, chore, analise e faça um autoquestionamento. Seu estado de espírito muda de um minuto para o outro. Não que você se apresse em admitir que existe um problema. Na verdade, você provavelmente é perita em desculpar os truques de namoro que o homem errado usa... e assim prossegue no mesmo caminho. No próximo capítulo, vou listar os ingredientes específicos que compõem o elixir dos homens errados e que fazem a magia negra funcionar. Até lá, simplesmente passe pelos próximos parágrafos, recheados de histórias de homens errados, e balance a cabeça em sinal de reconhecimento. Dores no pescoço e testa suada podem ser tudo o que você precisa para confirmar que possui uma história de homem errado nas mãos.

**ALERTA:** Do mesmo modo que a paixão, a *paixão por homens errados* está relacionada a uma obsessão doentia que tem um alto preço para sua mente.

Ao contrário do que acontece na maioria de suas histórias de amor, depois de reconhecer que é uma apaixonada por homens errados, você não irá mais se sentir isolada e sozinha. Terá o apoio das outras *apaixonadas por homens errados* que se identificam com e querem ajudar mulheres que andam em seus altos saltos-agulha. Essas irmãs conhecem a sensação de tirar a mão de um homem errado da parte de baixo de suas costas e sabem como afastar hormônios que insistem em bater a sua porta". Afinal de contas, a paixão não discrimina. Ela atinge mulheres de todas as raças, religiões e credos. As apaixonadas por homens errados podem ser sua irmã, sua avó, professoras da escola elementar, motoristas de táxi, supermodelos e dentistas, atrizes de filmes B, escritoras de auto-ajuda e, até mesmo, juízas de varas criminais.

É importante perceber que você não precisa freqüentar uma clínica para mulheres nem ser chamada de "a vadia do escritório" para ser uma apaixonada por homens errados. Embora as apaixonadas ao extremo possam ir parar no hospital, no hospício ou na prisão – mais em busca de um pouco de ação do que em conseqüência de seus atos –, você não precisa descer tão baixo para fazer parte do grupo que segue os 12 Passos da vida amorosa. Você simplesmente tem de saber que merece um homem que não abuse de você, para seu bem e o de todos os que a rodeiam. (A compaixão de sua melhor amiga tem limite para histórias do tipo "Por que isso sempre acontece comigo?") Pense: entrar para um Programa de 12 Passos só tem a ver com você. Que tal isso, para variar?

## Auto-respeito, cereais puros e vaginas

As pessoas problemáticas e estranhas são bem complicadas. Sei disso porque sou uma delas. Isso mesmo: também sou uma apaixonada por homens errados em recuperação. E posso apostar que você está quase crédula, mas ainda precisa ser convencida de que é mais do que simplesmente uma jovem turbulenta que colhe o que planta. Mas por que ser tão teimosa? Será que não existe aí um pouco de negação? Sei que você não precisou ser recolhida em quarentena com seu vizinho liberal, italiano e garanhão. E, com certeza, você não precisou ser amarrada para dividir, no café-da-manhã, uma tigela de cereais amanhecidos e puros com seu "estepe" predileto. E, segundo a lista que você assinalou antes, é óbvio que você tem características de alguém que se apaixona por homens errados.

Então, continue comigo.

> *"Imediatamente antes de me apresentar a seus pais, um namorado me disse: 'Seja você mesma. Só não fale tanto'. Passaram-se ainda seis anos para que ele se tornasse meu EX-namorado."*
>
> Clara, 27 anos

O próximo passo é testar qual é realmente o tamanho da sua queda por personalidades desviadas. Pode parecer loucura, por enquanto, mas garanto que assim que perceber como é fortalecedor alinhar-se com influências masculinas que valem a pena, você vai querer se afastar dos grosseirões negligentes. Bem no fundo de sua mente você sabe que se não namorar um cara legal como alternativa, resta a você a auto-reprovação, a solidão, o desespero e muitas marcas no corpo. Se examinar sua vida amorosa desse modo, você de fato não terá nada a perder ao admitir que é uma apaixonada por homens errados.

Uma coisa é ser enganada por um homem errado e depois fazer de conta que ignora o efeito que ele teve em você, o que muitas vezes se consegue ao trocar um fracassado atraente por outro. Mas algo bem diferente é ver, no papel à sua frente, como sua mente não permite que você passe para lençóis mais limpos. Não quero parecer sua mãe falando, mas você vai se relacionar melhor com os outros quando se relacionar bem consigo mesma. E vai começar a se relacionar bem consigo mesma respondendo ao questionário a seguir, que vai ajudá-la a se livrar de sua paixão por homens errados.

Quando se trata de sua vida amorosa, você aperfeiçoou a arte de acolher o cinza, mas isso não ajudou em nada sua sanidade, e agora vamos experimentar colocar o preto no branco. Responda "Bem, sim..." ou "Não, eu não" às perguntas a seguir, para avaliar com que rapidez pode ser recomendável você jogar fora seu caderninho de telefones e mergulhar neste livro. Seja honesta e não se chicoteie se responder "Bem, sim..." a oito ou mais perguntas. Simplesmente pule para o capítulo 2 o mais rápido que puder, e nem ouse pedir a seu ex que a beije lá embaixo.

1. Você já tentou namorar um novo tipo de rapaz, só para, depois de três encontros (no máximo), já encontrar defeitos no cabelo dele, no tênis novo, em seu gosto musical desatualizado ou no drinque preferido esquisito dele?
   **Bem, sim...**
   **Não, eu não.**

2. Você queria que seus amigos e parentes parassem de lhe dizer quem você deve namorar, por mais que você viva reclamando da qualidade de seus antigos namorados e fique pedindo insistentemente conselhos?
   **Bem, sim...**
   **Não, eu não.**

3. Você já experimentou se afastar de todos os homens, numa tentativa de evitar más escolhas de namorados, em um boicote aos rapazes?
   **Bem, sim...**
   **Não, eu não.**

4. Você já telefonou para um ex-namorado disponível, "estepe", ou massagista de ego depois de ter sido arrasada por

um estonteante objeto de luxúria? Já esperou por ele, deitada em posição fetal, com a cabeça coberta por um pesado edredom?
**Bem, sim...**
**Não, eu não.**

5. Sente inveja secreta de amigas que têm relacionamentos em que intimidade e independência estão equilibradas? Ou que têm relacionamentos que duram mais de alguns meses? Ou cujos ex-namorados não passam bem na frente delas acariciando a bunda de outra mulher apenas alguns dias depois de eles terem terminado?
**Bem, sim...**
**Não, eu não.**

6. Você já ligou para alguém com quem está saindo, e depois lhe mandou um torpedo, uma mensagem instantânea, um e-mail e ligou de novo, se ele não respondeu depois de... três horas?
**Bem, sim...**
**Não, eu não.**

7. Você já salvou uma mensagem, um torpedo, uma conversa instantânea ou um e-mail e enviou para suas 389 amigas mais íntimas analisarem meticulosamente, vezes sem conta, porque é muito difícil entender o que ele quer dizer?
**Bem, sim...**
**Não, eu não.**

8. Seus encontros mais românticos são temperados com novidades, distância e incertezas?
**Bem, sim...**
**Não, eu não.**

**9.** Alguma vez você já marcou dois compromissos para uma noite, só para o caso de ele cancelar no último minuto?
**Bem, sim...**
**Não, eu não.**

**10.** Você já aceitou convites para sair feitos com apenas uma hora de antecedência, mesmo que pensasse (e esperasse) que ele fosse ligar mais cedo?
**Bem, sim...**
**Não, eu não.**

**11.** Você diz a si mesma que pode parar de sair com rapazes com personalidades escorregadias a qualquer momento que queira, embora continue saindo com eles?
**Bem, sim...**
**Não, eu não.**

**12.** Alguma vez perdeu aulas, seminários, trabalho ou entrevistas porque sua cabeça estava girando por causa da noite anterior?
**Bem, sim...**
**Não, eu não.**

**13.** Alguma vez ligou para uma amiga às 5 horas da manhã, depois de uma noitada daquelas, pediu que ela fosse tomar café-da-manhã com você para conversar, chorar e se arrastar até o jantar, e depois ficou cantando a música "A vida não presta", do Léo Jaime, até que a amiga ameaçasse deixar você plantada na calçada?
**Bem, sim...**
**Não, eu não.**

**14.** Já tentou conseguir mais números de telefone em uma festa, porque oito dígitos não são suficientes?
**Bem, sim...**
**Não, eu não.**

**15.** Já sentiu que sua vida amorosa seria muito mais simples se você abaixasse suas exigências?
**Bem, sim...**
**Não, eu não.**

**16.** Já ficou pensando por que suas "altas" exigências a fazem se sentir tão por baixo?
**Bem, sim...**
**Não, eu não.**

## Porque músicas melosas não podem ajudar você agora

Como está se sentindo? Bem especial, não é? Não importa o quanto sua paixão pareça extrema agora, só você pode decidir se é ou não uma apaixonada por homens errados. Mesmo que jure sobre o fígado de seu ex que não é uma apaixonada, que simplesmente gosta de sair da sua pele e entrar na do outro porque você é que está no controle, esta escolha depende totalmente de você.

**ALERTA:** Ao contrário da crença estereotipada, o homem errado não pode ser definido apenas como um homem com barba por fazer, com uma camiseta branca e uma tendência a se referir a sua mãe como "aquela mulher *sexy* que fuma... qual é mesmo o nome dela?"

Espero simplesmente que os meus 12 Passos a ajudem a descobrir pequenos detalhes sobre seus padrões de namoro e a tornar suas prioridades mais claras. Conforme avançamos, não posso prometer que vai gostar do amor rude ou do reflexo familiar com os quais se defrontará em cada página. Mas posso garantir que não usarei as palavras "questões" nem "problemas" para dirigir sua mente, de uma forma ou de outra.

Se você ainda não notou, a parte da lógica por trás do *Programa de 12 Passos das Apaixonadas por Homens Errados* é bem semelhante à dos preceitos dos Alcoólicos Anônimos. Por exemplo, se você não tomar o primeiro drinque durante a recuperação, então não tomará o décimo. Do mesmo modo, se não se enrolar com um primeiro homem errado, então não vai se enredar com dez amigos deles, ou algo assim. Não prego a abstinência completa de todo e qualquer homem, mas apóio o controle de porções. Sei que a euforia tentadora de namorar homens nocivos inclui elogios, drama, espontaneidade, complexidade, excentricidades sexuais e comportamento errático, mas junto com essas euforias vêm o baixo astral horrível de não poder contar com alguém, oscilações de estado de espírito, manipulação, cinismo, irresponsabilidade e comportamento inconstante. O modo como esses traços se manifestam é um pouco mais do que uma lição de gramática sobre o uso de preposições, e nada que fosse interessar sua professora da quinta série. Isto é, o homem errado exibe essas características a você, sobre você, dentro de você, em cima de você, através de você, ao redor de você... para não dizer em cima e embaixo de você. Mas nem é preciso dizer isso.

*"Um rapaz passou a noite em minha casa e saiu antes de eu acordar. Ele até colocou travesseiros no seu lado da cama, para que eu não percebesse que ele não estava lá."*
Sandra, 25 anos.

Embora nosso objetivo final seja que você fique à vontade ao se apaixonar por um cara legal, isso não significa que deva manter distância de todos os homens errados. Nunca sugeri que você se entrincheirasse em uma sala acolchoada com pôsteres escrito "Fique firme!" ou com um exemplar sobre budismo ou ioga. Em vez disso, aprenda a se reapropriar das intenções de um homem errado e tire vantagem das habilidades dele fora de um restaurante à luz de velas (pense: que homem habilidoso, que consultor mais criativo...). Desse modo, os homens perigosos não vão sair totalmente de sua vida, mas simplesmente permanecer na periferia segura e valiosa. Vamos encarar os fatos: se os homens errados fossem monstros irrecuperáveis, você nem teria se apaixonado por eles. É que, muitas vezes, eles são melhores amigos ou sócios do que parceiros no amor. O mais importante é que você sairá desta experiência dos 12 Passos como uma mulher evoluída e experiente, com mais uma lição de amor complicada e analisada para ser usada em seu crescimento pessoal e também como uma boa história. Só que desta vez uma história com final feliz.

# CAPÍTULO 2

# O mau, o bom e a linda (esta é você)

**Passo 1: Admita que você é vulnerável a naturezas rebeldes e a sorrisos maldosos, e que seus hábitos de namoro se tornaram completamente incontroláveis.**

**Toda garota tem uma história sobre sua primeira vez.** E tem também uma história sobre a primeira vez com um homem errado. A minha começou com preliminares febris por e-mail, que levaram a uma necessidade inexplicável de lamber os dentes inferiores tortos dele, e chegou ao clímax durante nosso primeiro encontro casual, que incluiu um vinho duvidoso e uma amiga dele ainda mais duvidosa – e que se parecia muito com um ratinho ansioso... – bem, mas estou divagando.

Embora eu não o percebesse sob a influência das luzes baixas e do bar aberto, minha primeira vez incluiu muitos dos elementos universais que fazem com que mulheres encantadoras sejam atraídas por homens maldosos. Esse homem errado sabia como provocar com humor, transformar as imperfeições em tentações, e alimentar a curiosidade com drinques questionáveis e companhia inesperada. Ele selou o acordo com um beijo e um número de telefone, tudo num ritmo rápido e furioso. Na hora em que caí na cama naquela noite, meu celular tocou e a voz do outro lado queria saber se eu havia chegado em casa a salvo, e se podíamos jantar na noite seguinte. Embora minha mente estivesse pensando: "O que acabou de acontecer? Não vá, esse rapaz é confusão...", minha boca apressou-se em dizer: "Eu adoraria!"

Duramos quatro tempestuosos meses antes de eu ficar sabendo de um modo totalmente dramático (Amigos invadiram nosso encontro! Drinques foram jogados nos rostos! Lágrimas derramadas no banheiro!) que quando não fazia maratonas de fim de semana comigo, ele agendava seus dias da semana com a roedora de nosso primeiro encontro. Olhando para trás, tudo isso era tão previsível que eu nem espero que você se surpreenda. No entanto, as idas e vindas, o ritmo cinematográfico de tudo, o processo todo quebrou meu coração, mas enredou-me em mais, mais, mais! Não com esse rapaz, é claro, mas com variações sobre o mesmo tema. Chame-me de extremista; porém, antes de o primeiro homem errado invadir minha linha de visão, namorei um editor executivo muito legal, muito seguro, que havia estudado história da arte e citava Shakespeare. Se não passávamos as tardes de domingo vendo antigüidades, passávamos as noites bebendo garrafas de vinho caro no Central Park, escondidas adequadamente em um contêiner de um museu próximo (com objetivos legais e estéticos, é óbvio).

Nossos três anos juntos foram adoráveis. Adoráveis! Mas quando nosso relacionamento chegou a um final morno, eu mal podia esperar para envolver com braços e pernas um rebelde inesperado. Não é de surpreender que meu primeiro encontro com um homem errado tenha sido tão irresistível. Na arte e no amor, o contraste pode ser uma força muito poderosa.

## Rapazes maldosos também precisam de amor?

Aquelas que passaram algum tempo com homens errados sabem como é fácil entregar seu coração, mente e corpo para uma personalidade imprevisível. Dizemos a nós mesmas que os homens errados podem ser domados pela mulher certa, que suas almas em conflito precisam de um perdão especial, que somos a única mulher a quem confessam o que sentem, em altos brados, nas saídas de incêndio à meia-noite. E nos convencemos dessas verdades inabaláveis, não importa quanto uma vozinha em nossa mente (para não falar na voz bem alta de nossas amigas) insista que estamos enganando a nós mesmas.

Eis o que você sabe secretamente, mas odeia ouvir: homens errados têm poder porque nós permitimos, e, em parte, porque continuamos a voltar para eles. Os homens errados são como *lingeries* francesas especiais que se desmancham ao lavar: não importa o quanto as dobremos com cuidado e coloquemos em um saco de lavagem especial para *lingeries*, nem que usemos detergente suave para limpar seu tecido frágil; basta apenas um fio puxado para que a peça se desmanche toda. Isso nos impede de substituir essas *lingeries* por uma nova, exatamente igual à antiga? É claro que não. Simplesmente dizemos a nós mesmas que fomos culpadas por elas terem se desmanchado, ou que tinham um defeito de fábrica, ou que as próximas serão diferentes... quando a verdade nua e crua é que às vezes a *lingerie* caríssima não é feita como deveria ser.

**ALERTA:** Homens errados têm poder porque nós permitimos, em parte, porque continuamos a voltar para eles.

O vínculo primário entre *lingeries* decepcionantes e homens decepcionantes é a percepção – deles e nossa – de que eles são muitíssimo especiais. Para entendermos melhor o cérebro do homem, dou como exemplo um amigo chamado Bernardo que é um cafajeste. Seu mantra para cada namoro e para cada passo em falso emocional é "regras especiais para pessoas especiais". A menos que estejamos falando sobre meu tio Carlos e suas namoradas-relâmpago, acho difícil aceitar isso no que diz respeito ao departamento ser-gentil-com-os-outros. Mas Bernardo é alto e anguloso, com uma bela aparência mediterrânea. Em uma palavra, ele é um colírio para os olhos. Ostenta um nariz bem esculpido, pele tom de azeitona e seus olhos lembram os de George Clooney. São penetrantes, com um brilho demoníaco e com bolsas inesperadamente atraentes que sussurram "experiência" e não "velho, à espera de uma plástica". Em noites solitárias, eu me imaginei enredada nas dobras de pele desses olhos amendoados e bem perto deles como se fossem um cobertor de segurança.

Isto faz parte do charme de um homem errado: Bernardo e seus colegas têm uma consciência aguda de como e quando dar às mulheres o que elas precisam. Se você procura tranqüilidade e sossego, como muitas vezes procurei depois de um longo dia, um homem errado irá criar um ambiente tranqüilo (mariscos ao vinho branco em um bistrô na penumbra). Se você precisa fugir, pegue as passagens para Miami (e a promessa de uma cama *king size*) na caixa do correio. Um homem errado vai entendê-la, pegá-la e lamber calda de chocolate em sua barriga até o sol nascer e se pôr sobre seus corpos nus. Na mente de um homem errado, não existem vítimas, apenas voluntárias. E, em certa medida, ele tem razão. Quando um homem errado troca o comportamento responsável por prazer, é fácil acreditar em seu valor pessoal e na devoção abnegada e aparente dele.

O interessante é que Bernardo nem sempre tratou suas namoradas como conquistas estonteantes e descartáveis. Ele costumava ser um homem comprometido, que não acreditava que um jovem pudesse ter o poder de se aproveitar da vulnerabilidade de tantas mulheres em benefício próprio. As prioridades de Bernardo mudaram, todavia, quando um colega de trabalho oportunista contou-lhe que isso era possível, e as experiências pessoais de Bernardo confirmaram essa teoria. Como diz a lenda do homem errado, Bernardo era um calouro na faculdade e estava louco para romper com a antiga namorada antes de passar para a próxima. Foi então que o mencionado colega lhe garantiu que era possível manipular as duas. Qual era o plano? Ele encaixaria uma delas nos finais de semana e feriados, e marcaria noites ardentes com a outra durante a semana. Bernardo tinha dúvidas se conseguiria alcançar esse feito, mas rapidamente obteve sucesso e uma nova identidade. As duas mulheres de sua vida deixaram Bernardo solto como uma bicicleta sem freio durante um ano inteiro. Esse é um longo período no tempo masculino.

Desde então, Bernardo aperfeiçoou diligentemente um modo de agir que faz com que cada garota de sua agenda social sinta-se como A Única. Por quê? Porque: 1) ele é atraente; 2) ele acha que é especial; e 3) as mulheres permitem. Simples assim. E só para confirmar a credibilidade de Bernardo, queridas leitoras: em geral ele faz um rodízio de quatro mulheres por vez, enquanto mantém uma namorada mais firme... isso em média.

Antes que você perca toda a esperança em namoros, lembre-se de que Bernardo não é diferente das belas *lingeries* de que falamos antes: belo porém defeituoso. Mas ele também é facilmente substituível. Nos próximos capítulos, você saberá como procurar um novo tipo de homem, um que não exija um tipo especial de lavagem para manter o romance intacto, e que, além disso, pareça perfeito sobre sua pele nua.

## *Bernardo, Bernardo... Por que és assim, Bernardo?*

Como eu me preocupo mais com ajudar você do que com a possibilidade de estragar o joguinho de Bernardo, sinto necessidade de relatar detalhes do que ele me contou – em ocasiões raras, em que ele estava vulnerável e embriagado – sobre como funciona a mente de um homem errado. Embora você nunca tenha namorado o próprio Bernardo, provavelmente já se apaixonou várias vezes por um Bernardo. Direto da boca do homem errado, eis o que Bernardo tem a dizer sobre sua própria espécie.

Ele insiste que os homens errados são os maiores românticos que você irá encontrar. Soa perfeito, certo? Eles irão regá-la a vinho, jantar com você, reservar uma viagem só de ida a Nassau com a idéia sonhadora e maluca de que vocês jamais voltarão. Em resumo, um homem errado irá lhe prometer o mundo em um prato guarnecido com salsinha... ou de carona em sua moto, dependendo do estilo dele. O problema é que ele fará tudo isso tanto pelo próprio ego quanto pelo prazer que você irá sentir, em um esforço para descobrir se você se encaixa na visão estreitamente definida que ele tem da perfeição, caso decida integrar a perfeição em sua vida.

Como Bernardo diz, nem todos os românticos acreditam no amor; alguns simplesmente acreditam no romance. Se forem muito mimados, podem até concluir que as pessoas dão valor demais ao amor, o que, se pensarmos um pouco, é mais do que estranho. Um romântico que acha que as pessoas dão valor demais ao amor? É como um professor de ioga que deteste alongamento ou um comandante que não saiba comandar. Mas, de acordo com Bernardo, o romance é simplesmente um meio de se divertir.

*E daí?*, você está pensando. *Eu também gosto de me divertir!* Mas existe uma confusão mental: na cabeça e no coração da maioria das mulheres, divertir-se é um meio de se apaixonar. Não conseguimos evitar isso. Um é uma rodovia expressa que leva ao outro e, na maior parte do tempo, passamos todos os faróis vermelhos para chegar lá sem parar para pagar o pedágio. Na cabeça de um homem errado, porém, divertir-se é muitas vezes um meio para... divertir-se ainda mais. Isso leva a jantares luxuosos, sexo freqüente, aventuras selvagens, ótimas histórias e, ainda mais importante, a uma platéia cativa (você).

> *"Um homem com quem dormi me chamou pelo nome errado de manhã. Eu não o corrigi e depois dormi de novo com ele na noite seguinte."*
> Alice, 21 anos

Não que ele fique muito tempo perto de você. Bernardo certa vez perguntou a uma mulher em um momento inoportuno, logo depois de transarem: "Por que não posso simplesmente amar as mulheres em geral? Por que tenho de escolher e me comprometer com uma única?" Ele me garante que realmente é sincero em cada elogio que faz a uma mulher... naquele momento. E que se apaixona... a seu próprio modo. Não que isso signifique que seus encontros são de longo prazo. Lembre-se em que Bernardo acredita: regras especiais para pessoas especiais...

Cá para nós, acho que *você é* especial demais para isso.

**ENTÃO, OS HOMENS ERRADOS ATÉ SE COMPROMETEM?**

Naturalmente, existem alguns poucos homens errados recuperados que aprenderam a apreciar algum tipo de monogamia. Mas, segundo Bernardo, a maioria só se casa por um destes três motivos: 1) *Estou ficando velho.* 2) *Estou engordando.* 3) *Estou ficando careca.* Então, a menos que você tenha uma queda especial por perdedores velhos, gordos e carecas, espero que comece a perceber que é hora de visitar pastos mais verdejantes. Todos têm uma data de validade, mas a única coisa mais patética do que um homem errado decadente é um homem errado decadente e desesperado, usando calças com elástico na cintura e uma caixa de Viagra no bolso. É por esse tipo de homem que você tem rezado? Acho que não.

## Por que os homens errados são como melões passados

Descobrir um homem errado pelo cheiro não é muito diferente de detectar um melão passado: um cheiro azedo, uma cor doentia e algumas sacudidelas para perceber sementes soltas podem evitar muita azia. Mas isso exige que se toque em um homem fisicamente, e nosso objetivo é evitar a necessidade de tocá-lo com belos dedos de unhas feitas muito antes de a compulsão entrar em ação. O complicado é que todos os melões são bastante parecidos; isso, no entanto, não vale para os homens errados. Eu gostaria de sugerir simplesmente que você se afaste de homens com tatuagens, jaquetas *jeans* e *piercing* na língua, mas a aparência dos homens errados é, com freqüência, uma parte muito pequena de seu poder de atração. Na verdade, o motorista de caminhão de uma mulher do interior não é nada parecido com o aspirante a ator de outra em uma grande cidade, embora ambos possam compartilhar traços semelhantes de homens errados. Então, vamos deixar de lado os detalhes físicos mais óbvios e passar ao Coquetel de Características que faz com que os homens errados pareçam tão universalmente certos por um tênue instante, e, no entanto, mostrem-se tão errados quando se quer uma vida que dure mais do que um beijo cinematográfico.

Você já identificou que tem um problema e, como sabemos muito bem pelos anúncios de muitos serviços públicos, esse é o primeiro passo. Mas como você é apaixonada por homens errados, pode ser que os próximos parágrafos sejam um pouco difíceis. Não porque eu vá falar mal de suas preferências, insistir que você é um caso perdido, pedir que desenterre o passado ou que responda a outro questionário de avaliação. Os próximos parágrafos vão fazê-la suar frio porque vou dissecar alguns detalhes mais sobre os homens errados; então, não se surpreenda se seus hormônios se revirarem enquanto você lê. Bem, depois de escrevê-los pode ser até que eu mesma precise de um banho frio. Mas existe um sentido bem-intencionado na minha loucura. Na verdade, existem alguns.

Em primeiro lugar, é importante observar que os homens errados não são especiais, e que seu apelo arquetípico é muito difundido e até mesmo pouco original. Isso pode ser uma surpresa, mas eles são mais parecidos entre si do que os caras legais que você evita. Os homens errados querem estar na moda de um jeito único, querem ser atraentes e irresistíveis, mas simplesmente acabam repetindo o comportamento uns dos outros. Quando se reconhecem uma série de características parecidas em homens diferentes, repetidamente, eu apostaria em um grave reflexo de imitação.

Em segundo lugar, é preciso relacionar cada característica específica de um homem errado, para que você possa reconhecer melhor os atributos de um cara legal quando o encontrar, nem que seja pelo contraste. Sabe como você pode ficar totalmente arrebatada por um homem, não sabe? Mas assim que ele passa a fazer parte do passado, o modo como ele ri ou funga ou come depressa segurando o garfo como uma pá torna-se simplesmente irritante, não é mesmo? Especialmente quando você o compara com os homens que conheceu depois... Bem, aposto que ler com atenção, e depois internalizar as características de um homem errado irá proporcionar essa sensação de "algo já superado" na próxima vez que você conhecer alguém legal. Saber onde a atração de um homem termina é ver onde a atração do outro começa. Um homem errado não pode existir sem um cara legal para complementá-lo.

Por fim, quero que você preste bastante atenção a esses disfarces usados por homens errados, porque quero que você os deseje em sua vida pela última vez. É verdade, quero mesmo. Quero que você anseie tanto pelo toque deles, pelo cheiro e pelo gosto deles que se sinta tentada a ligar rapidamente para três de uma vez, só para ter um estepe do estepe. Quero que você deseje isso não porque sou uma sádica cruel ou porque estou em uma cruzada de recuperação moral, mas porque quero que se lembre – conforme percorre a lista, lambe o *gloss* dos lábios e planeja suas próximas conquistas – de como seus padrões de namoro tornaram-se impossíveis de administrar. Quero que você se lembre dessa necessidade ansiosa, porque esse é exatamente o sentimento contra o qual você vai lutar nos próximos 11 Passos. Daqui por diante, só vai melhorar.

## *O Coquetel de Características*[1]

Com o objetivo de acabar com seu vício em homens errados, eu gostaria de apresentar uma lista não oficial de traços que definem um homem errado. Eu a chamei de Coquetel de Características simplesmente porque o temperamento de todos os homens errados inclui uma combinação generosa de pelo menos três dos ingredientes listados abaixo, e exagerar nessa dose pode deixar uma garota com o estômago embrulhado.

- Indiferente o bastante para fazer você desejá-lo ainda mais
- Acessível o bastante para fazer você pensar que pode ficar com ele
- Misterioso
- Um objeto de estudos sobre contradições
- Estimulantemente sincero
- Assustadoramente incapaz de pedir desculpas
- Desconsidera limites
- Desonesto
- Maldoso
- Irrefreavelmente argumentador e desafiador
- Admiravelmente condescendente
- Emocionalmente problemático segundo padrões clínicos (ou seja, deprimido, raivoso ou obsessivo)
- Excessivamente lisonjeiro
- Só consegue manter a atenção por curto período de tempo
- Egocêntrico

---

[1] Perceba que não há como eu incluir todos os detalhes de cada item que descreve um homem errado, porque isso tomaria páginas e mais páginas, e nem eu mesma agüento. Além disso, como já mencionei, o que define um homem errado é o modo como ele faz com que uma mulher se sinta, mas do que aquilo que ele é ou faz especificamente. A questão aqui é reconhecer, ficar enjoada e seguir em frente.

- Manifesta emoções ou atitudes extremas
- Egoísta, mas introspectivo
- Bebe ou se automedica mais do que deve
- Age de modo dramático
- Despreza todo mundo, menos você
- Sexualmente inovador
- Hipócrita
- Aventureiro
- Finge ser virtuoso
- Tem intenções questionáveis
- Assume riscos
- Carisma ilimitado
- Gosta de um duplo sentido
- Infiel
- Espera que você se encaixe em sua visão idealista e estreita de "como as coisas devem ser"
- Muda sua definição de Mulher Ideal caso perceba que você pode se encaixar nela

A única coisa pior que se confrontar com o fato de que seu histórico de namorados está repleto de coquetéis de homens errados é reconhecer quanto esforço você despendeu na tentativa de justificar seu passado. Obviamente, você não é a primeira apaixonada por homens errados a buscar conforto com homens que não podem oferecê-lo, especialmente quando um homem errado tem traços de personalidade que a levam a pensar que ele é algo que não é. Por exemplo, a necessidade pegajosa de um homem errado por aprovação pode ser confundida com atenção total. A paixão desenfreada pode ser uma compensação por falta de habilidade para conversar. Um jeito vago de olhar pode ser interpretado como observador.

Quando você sempre se envolve com homens errados, não é incomum dizer a si mesma que as feridas emocionais são simplesmente "experiências de aprendizado", ou que seu histórico de homens errados é resultado de carma ruim. Afinal de contas, você se treinou para engolir o pânico como comprimidos sem água: o seu homem errado trabalha até tarde. Glup. Você tende a analisar demais telefonemas não respondidos e mensagens de texto atrasadas. Glup. Glup. E o horóscopo não dizia algo a respeito de planetas desalinhados? Glup. Glup. Glup. Você diz a si mesma que o destino irá cuidar de você. Que não existem heróis nem vilões, apenas pessoas com um passado infeliz e almas bem-intencionadas. Que o truque para encontrar o homem certo é esbarrar em alguém cujas manias e defeitos complementem os seus, ou seja, um *yin* torto que se encaixe em seu *yang* fora de esquadro, por assim dizer. Que até encontrar O Certo, com sua coleção de camisetas de época e compaixão intuitiva, você irá dominar suas frustrações com homens errados enfrentando todos os perigos ou agindo sozinha. Bem, pelo menos você terá histórias mirabolantes para contar a seus netos. Se você for muito ambiciosa, essas histórias podem render até mesmo um livro de memórias que vire *best-seller*. Você diz a si mesma que não está se acomodando. Você está vivendo...

Como uma apaixonada por homens errados, sempre descobri que, independentemente de quantas vezes eu dissesse tudo isso a mim mesma, um detalhe sempre me confundia: eu jurava que entendia, *que sentia empatia de verdade* pelos motivos por trás de todas as características dos homens errados, sem o menor sinal de crítica. Nunca quis que eles mudassem; no entanto, esperava que mudassem por minha causa. Mas, no fim das contas, nenhuma palavra, pensamento ou ato importavam. Esqueça suas ilusões de grandeza, querida. Como uma apaixonada por homens errados, pratiquei muito o esporte da negação. Uma apaixonada por homens errados bem poderia ser coroada a Rainha das Hipóteses, alguém que deixa que os Jogos E-Se passem desvairadamente por sua mente, tão inteligente para outros assuntos. É claro que a negação era um exercício de autopreservação. Eu costumava deixar os diálogos internos assumirem vida própria. Aposto que você se identifica com isso:

Se ele não liga, você pensa:
"E se o celular dele ficou preso entre o assento do carro que ele alugou, e já devolveu, e que agora está estacionado em Findomundonópolis?"

Se ele a deixa esperando, você pensa:
"E se ele estiver trabalhando até tarde, em vez de se esfregando com a supervisora de pernas longas no banheiro dos executivos?"

Se ele desaparece completamente, você pensa:
"E se ele morreu?"

## Então todos os homens errados são iguais?

Claro que não. Se eu pudesse rascunhar uma lista de modelos estereotipados de homens errados – trabalhos, amigos, agendas sociais e dicas de relacionamentos passados –, eu o faria. Mas quanto mais converso com mais apaixonados, mais percebo que cada uma define um homem errado de modo diferente, porque sua atração e suas frustrações são mais impulsionadas por comportamentos do que definidas demograficamente. Quando se trata de trabalho, por exemplo, alguns homens errados são muito dedicados a seus empregos como designers gráficos, enquanto outros trabalham em tornos e promovem piquetes nas greves do sindicato. Aprendi por experiência própria que é possível identificar (e depois evitar) um homem errado projetando como a atitude dele irá afetar seus sentimentos, segundo o Coquetel de Características que já mencionei. Isso exige muita autoconsciência e autocontrole. Mas, ao final do livro, você já terá dominado ambas.

*"Meu ex-marido tinha uma caixa postal na qual, enquanto estávamos casados, ele recebia cartas de uma antiga namorada. Eu ainda fico me perguntando o quanto ela era mesmo 'antiga'..."*
Caroline, 34 anos

Tenho algo a dizer, no entanto: muitas vezes, o relacionamento de um homem errado com os amigos é parecido com o modo como ele trata suas namoradas. A maioria dos homens errados tem uma extensa rede de amigos, mas passa superficialmente por ela. O tempo de duração dos relacionamentos com amigos ou namoradas pode ser extremamente curto, porque a personalidade de um homem errado tanto espalha carisma como falta de credibilidade. Sua devoção descuidada e agitada e sua falta de sensibilidade não o tornam um bom amigo de longo prazo. Eles dominam a diversão casual e generosa, mas não têm a menor idéia de como manter uma amizade dedicada ao longo dos anos. Quando há amigos que permanecem, o mais provável é que sejam mulheres, as quais, por natureza, tendem a perdoar mais e a cuidar mais do outro. (Não, você não está sendo neurótica. Essas mulheres provavelmente já foram conquistas passadas.)

Quando saem à caça, os homens errados interessam-se por tudo o que é novo e curioso, por causa da necessidade insaciável de explorar uma situação potencialmente arriscada. Algumas vezes, isso pode incluir namorar você porque suas intenções são puras. Em certa medida, um homem errado sente-se valorizado ao namorar uma boa garota, mesmo que seja só para provar a si mesmo que ele não é de todo insano. Se for o tipo de homem errado que precisa ser salvo, ele provavelmente irá pensar que o bom coração de alguém fará todo o trabalho sujo por ele, e é aí que entra em jogo seu lado Preciso Que Precisem de Mim.

Mas como você já descobriu, é difícil controlar o que nunca foi gerenciável, para início de conversa.

## Vida cinematográfica versus vida real: o final de Hollywood

Eu gostaria de agradecer à Academia por incentivar as mulheres apaixonadas por homens errados a acreditarem nos finais hollywoodianos. Não é culpa sua achar difícil calar sua imaginação cintilante.

## DRAMA DEMAIS: CARAS LEGAIS CÉLEBRES QUE SE TRANSFORMARAM EM HOMENS ERRADOS

Hollywood historicamente produziu muitos homens errados famosos, e, por anos, gostamos que fosse assim. Mas nos últimos tempos parece haver uma tendência perturbadora entre os caras legais de trocar intencionalmente seu charme moral pelo do vagabundo clássico. Será que a elite das celebridades agradáveis foi cegada pelos *flashes* dos *paparazzi* ou pelo brilho de seu novo *off-road*? Muitos caras legais passaram para o outro lado, e não pretendem voltar tão cedo. O problema é que eles tendem a parecer uma gangue desajeitada de vaidosos, e ninguém gosta de um mercado supersaturado de falsidades. Pessoalmente, suspeito que eles acabarão por retirar o prestígio que trazem para os homens errados e os deixarão à própria sorte, parecendo um bando de idiotas. A seguir, uma listinha com alguns "homens errados" (as aspas são propositais) que, espero, causem a ruína de seus mentores.

**LANCE ARMSTRONG**: fico feliz por ele ter vencido o câncer, de verdade. Mas precisava agradecer a lealdade de sua mulher oferecendo-lhe os papéis de divórcio e fugindo com uma estrelinha de rock? E isso nem durou.

**BILL CLINTON**: foi questionado e acabou se recusando a se comprometer com uma definição concreta de sexo, e enganou os Estados Unidos. Preciso dizer mais?

**BILLY CRUDUP**: trocou a esposa por outra mulher, quando a esposa estava grávida.

**CARSON DALY**: caiu nos braços da virgem Jennifer Love Hewitt, e entre as pernas da festeira Tara Reid.

**HARRISON FORD**: não sei o que é pior: divorciar-se da mulher, namorar uma aspirante a estrela magérrima ou furar a orelha dez anos depois de isso ter saído de moda. Isso é que é um homem errado em crise da meia-idade...

**JOSH HARTNETT**: o que aconteceu com sua namoradinha do colegial? Ah, certo. Ele deu o fora nela para percorrer o circuito de celebridades, pélvis primeiro.

**ETHAN HAWKE**: apaixonou-se por uma modelo nada especial no *set*, mesmo tendo uma bela mulher e filhos encantadores em casa. Salva pelo carma, Uma agora resplandece e Ethan come poeira. Ele nunca pareceu tão torto.

**BRAD PITT**: trocou a bela garota da porta ao lado por uma sereia com lábios que parecem um colchão de ar. Dois divórcios, uma queda para andar com garrafinhas a tiracolo e uma necessidade de trocar insultos com o irmão dela obviamente evocam algo que conheço muito bem.

Na tela do cinema, a atriz principal quase sempre controla, engana, doma o homem errado ou o faz cair em uma armadilha e sempre é beneficiada, isto se ele mesmo não se entregar. Vimos essa trama tanto em filmes clássicos como *Orgulho e Preconceito* (Joe Wright, Inglaterra/França/Eua, 2005, Working Title Films/Studio Canal) como em *Caindo na Real* (Ben Stiller, Eua, 1993, CIC) e em *Vida de Solteiro* (Cameron Crowe, EUA, 1992, Warner). Como um tema tão popular poderia *não* aquecer nossas partes preciosas? Ainda mais que todas as mulheres tendem a transpor a *persona* pública dos atores de Hollywood para seus personagens da vida real; as reportagens voyeurísticas de revistas de fofocas e programas de TV vespertinos, que são um dos prazeres culposos mais gostosos, ajudam-nos a montar o quebra-cabeça de vidas que, de outra forma, seriam misteriosas. A qualquer momento, os homens errados célebres parecem brincar no limite erótico do perigo, e admito que isso pode ser totalmente irresistível. Até certo ponto...

Passemos rapidamente pela lista-padrão de "os mais" de Hollywood, que nos faz ao mesmo tempo dar de ombros e prestar atenção, mesmo que seja apenas para provar como nossa salivação pode ser fútil. Quem pode resistir às pálpebras trêmulas e ao humor autodepreciativo de Hugh Grant? Seu *status* de homem errado foi confirmado quando ele transou com Divine Brown enquanto namorava Elizabeth Hurley (se isso não for autodestrutivo, não sei o que poderia ser). Cada vez que George Clooney, o solteirão empedernido e intocável, diz que nunca irá se casar, alguma mulher resolve fazê-lo mudar de idéia. A inteligência ácida e aguçada de Jeremy Piven alimenta fantasias sobre silenciar sua atitude com um beijo daqueles. E não importa quantos quilos ganhe ou quantos telefones ele desligue, os olhos maldosos de Russel Crowe atraem apaixonadas que pedem mais. É claro que poucos homens errados poderiam superar Jude Law: quando esse cara enganador mentiu para sua bela noiva, suas aventuras incentivaram mulheres a abandonar a faculdade de medicina na esperança de se tornarem uma babá loira e curvilínea.

**ALERTA:** Não é incomum dizer a si mesma que as feridas emocionais são simplesmente "experiências de aprendizado", ou que seu histórico de homens errados é resultado de carma ruim.

Não é de se admirar que as apaixonadas por homens errados se deleitem com os homens errados famosos que exalam em sua essência amor, sexo e corações partidos, ainda que sejamos suficientemente inteligentes para saber que, mesmo fora da tela, os papéis deles são escritos por publicitários. (Por exemplo, a fofoca nos meios jornalísticos é que Colin Farrell é um anjo. Só Deus sabe se é verdade!) Mesmo assim, os detalhes sombrios, legais, perigosos e sujos da vida e do trabalho de um homem errado inflamam a imaginação de uma apaixonada por homens errados quando os dois se encontram e se fundem. Em ambos os casos, observamos as vítimas deles brincarem com fogo e saírem por cima, muitas vezes quase que literalmente. O problema é que as mulheres reaparecem sob os holofotes sãs e salvas e vestindo Dior. Vamos falar claro: os homens errados de Hollywood são desastres atraentes que a maioria de nós nunca irá conhecer. Para uma apaixonada por homens errados, a segunda melhor coisa depois de um drama salpicado de estrelas é assediar seus sósias no refeitório da empresa ou no barzinho ao lado.

Toda essa conversa sobre bonitões de Hollywood soa tentadora? Desanimadora? Não importa. Existem raras e genuínas ocasiões em que os homens errados na verdade se transformam em caras adoravelmente legais. Um exemplo: Johnny Depp. O espécime fumante e tatuado tem a aparência de um galã, mas se recusou a ser um nas telas de cinema. Durante anos, ele namorou ladras de loja e dependentes de drogas, tudo isso enquanto evitava o sistema dos estúdios de Hollywood. Bem, ele evitava até mesmo seu próprio país! Agora, o senhor Depp assumiu uma beldade francesa e se comprometeu a criar seus filhos em um relacionamento transatlântico estável. Por mais ideal que essa união pareça, não gaste muito do seu tempo com isso. Esse homem já foi agarrado. Por mais que goste das extravagâncias de Hollywood, você precisa admitir que o exagero está a um passo da participação em um fã-clube, e você já passou da idade de colecionar pôsteres autografados.

# CAPÍTULO 3

# ENCONTRE SEU PAR

PASSO 2: CONFIE QUE EXISTE UM PODER SUPERIOR E QUE ELE A AJUDARÁ A ENCONTRAR SEU CENTRO.

**Durante a recuperação, é importante** buscar refúgio em uma fonte confiável que anteriormente já lhe tenha trazido conforto interior. Cabe a você decidir se será uma igreja, um parque, o consultório de um terapeuta ou o *shopping center*. O importante é que você descubra um Poder Superior que existe em todos esses portos, e, dependendo do seu grau de espiritualidade, que existe dentro de você.

Esconder-se sob a asa de um homem errado pode ser uma situação familiar, mas, embora o familiar provoque uma sensação boa, não quer dizer que isso ajudará você a se aquietar. Assim como os sutiãs modeladores, os homens errados são um remendo rápido para algo que está despencando. A paixão por homens errados muitas vezes indica um problema, uma necessidade ou uma falta de realização mais amplos. Talvez você hesite em se comprometer, e isso tenha origem em problemas familiares ou em conflitos com figuras de autoridade, em dificuldades de confiar causadas por ex-namorados possessivos, em dúvidas quanto ao próprio valor originadas no isolamento durante o ensino médio.

Qualquer que seja sua inquietação, o vício em homens errados muitas vezes se manifesta como um sintoma óbvio de uma dificuldade pessoal mais ampla. À medida que você for percorrendo cada um dos capítulos e exercícios que se seguem, aproveite para investigar com mais profundidade por que você sempre se ligou a tantos homens errados. Se esse não tem sido um hábito desde que você se conhece por gente, encontre o ponto desencadeador dessa atitude, e, lentamente, mas com segurança, analise o impacto disso em seu Poder Superior. Você ficará surpresa ao perceber como sua paixão por homens errados pode estar ligada a bloqueios existentes fora dos limites de sua vida amorosa.

Conforme você for depositando suas crenças em uma fonte que a fortaleça, a amplitude delas começará a se expandir além das válvulas de escape social óbvias (homens errados), entrando em domínios menos previsíveis de conforto (caras legais). Estou cansada de ouvir mulheres incríveis choramingando: *Onde é que se escondem todos os caras legais?* De uma vez por todas, garotas: eles não se escondem! Caras legais não costumam ocultar onde estão, embora as apaixonadas por homens errados provavelmente estejam preocupadas demais com um tapeador misterioso e evasivo para reparar nisso. Assim que você perceber que há um Poder maior que sua libido safada e seus ardis dissimulados para excitar você e seu acompanhante, você começará a atrair caras legais, o que vai lhe poupar o tempo de procurar por eles. Os caras legais não se impressionam com as superficialidades que você usava para pescar um homem errado. Eles se impressionam mais com quem você é do que com o que você pode fazer por eles.

Abrir espaço para esse lado da sua verdadeira identidade irá exigir algumas leituras, reflexões e meditações. Bem, eu nunca disse que não daria trabalho. Mas enquanto você afia os talentos e interesses que definem quem você é, os caras legais serão atraídos por seu brilho interior, porque você está se livrando de uma pele antiga que já não serve a seus propósitos. Na verdade, você irá esbarrar em caras legais durante sua jornada porque irá começar a explorar novas atividades que pedem uma nova companhia. E a menos que essas atividades incluam assistir a *Instinto Selvagem* (Paul Verhoeven, EUA, 1992, LK-Tel Vídeo/Columbia) ou comprar algum romance picante de banca de jornal, você provavelmente estará a salvo de se ver invadida por infortúnios emocionais.

À medida que lenta e inevitavelmente você for admitindo caras legais em seu mundo, por amor aos grandes bichinhos de estimação, assegure-se de agir no nível platônico. Como eu não espero que você se abstenha de todos os homens, sinta-se à vontade para considerar os caras legais como um chiclete de nicotina ou uma cerveja sem álcool para sua paixão em namorar homens errados. Olhe ao redor a procura de homens interessantes: é bem provável que seus amigos sejam ou 1) caras legais ou 2) homens que ficam a uma distância segura entre o mau e o bom. Vencer sua paixão tem a ver com mudar de estilo de vida. Assim, é preciso introduzir os caras legais em seu mundo como amigos, confidentes ou sistemas de apoio. Você não só irá crescer com a generosidade incondicional deles mas irá apreciá-los subconscientemente como parte de um arquétipo de Cara Legal. Desse modo, quando estiver pronta para namorar um cara legal, o pulo não irá lhe parecer um gigantesco salto de fé.

## Tragam os caras legais...

Embora os homens errados tenham direito a muitas linhas neste livro, vamos fazer a transição para a demonstração do sóbrio cara legal antes que você esqueça o quanto é horrível se apaixonar por homens que amam mais a si mesmos do que a você. Embora você ainda não esteja preparada para namorar um cara legal, já quero deixar gravados os melhores atributos deles em sua memória para que você tenha uma sólida base de comparação e um ímpeto real para trabalhar duro e se livrar da paixão por homens errados. E mais: você deve conhecer alguns detalhes de como será sua vida amorosa, e se tornar intimamente familiarizado com os altos e baixos dos caras legais, de modo a se preparar mentalmente para a transição.

Lembra-se de quando falei que para a maioria das mulheres divertir-se é uma forma de se apaixonar, enquanto que para os homens errados divertir-se é simplesmente uma maneira de se divertir ainda mais? Bem, com os caras legais divertir-se é, na verdade (prepare-se, apaixonada por homens errados), um meio para se divertir mais *e* se apaixonar. Sei que isso soa incompreensível, mas todas sabemos que o cérebro não é exatamente nosso órgão mais atuante quando estamos nos primeiros estágios do namoro.

**ALERTA:** Os caras legais só *parecem* ir mais depressa que os homens errados porque as intenções deles são mais sinceras do que aquelas com as quais você está acostumada.

Mas vamos por partes: precisamos desfazer sua suspeita nervosa de que os caras legais são mais grudentos que celofane e que estarão prontos para se comprometer antes que você o deseje. Ao contrário da crença popular, os caras legais só *parecem* ir mais depressa do que os homens errados porque as intenções deles são mais sinceras do que aquelas com as quais você está acostumada. Grave minhas palavras: um homem errado dirá quem ele é nos três primeiros encontros. Ele começará ansioso por sua aprovação, contará histórias pessoais que darão a impressão de que confia em você, falará sobre namoros bons e ruins, e recheará tudo isso com um monte de elogios. Os homens errados sabem como manipular as emoções femininas. São especialistas em equilibrar autodepreciação e honestidade com lisonja suficiente para convencê-la de que é fácil conversar com você *e* que você é linda de se olhar. Tudo isso cria uma combinação vencedora? Não exatamente.

Não sei você, mas eu sempre supus que alguém que se dispõe a fazer confidências sobre o tempo que o pai passou na prisão ou sobre quantos antidepressivos toma por dia é alguém disposto a um compromisso de longo prazo. Infelizmente, não é esse o caso. O que eu acabei por descobrir nesses encontros não foi que os homens errados são introspectivos e buscam uma alma gêmea para conversar, mas que eu tinha de me forçar a ouvir ativamente as informações muito óbvias que eles traziam. Certa vez, fui a um encontro com um homem que ocultava seu caráter de homem errado sob um exterior maravilhoso: ele cuidava dos negócios da família, era adorado pelos vizinhos idosos, e até ia à igreja. Mas em nosso primeiro encontro – em algum ponto entre "Você tem irmãos?" e "Por favor, passe o *ketchup*" – esse homem errado agradável conseguiu pronunciar as palavras: "Você sabe que eu não quero compromisso". O que eu respondi? "Acabei de publicar um livro sobre como dar o fora em um homem. Acho que encontrou o seu par." Supus que ele estivesse brincando: afinal de contas, quem diria uma coisa dessas no primeiro encontro?! Quatro meses depois, o homem errado e eu estávamos em um show musical quando ele pronunciou as familiares palavras "Kristina, você sabe que não quero compromisso...", só que dessa vez ele queria terminar. Se houvesse ouvido mais atentamente os alertas desse rapaz em vez de tentar impressioná-lo com minhas observações inteligentes, eu teria terminado antes de chegar à sobremesa.

*"Eu namorei um louco que costumava fazer cortes nos braços e dizia que a culpa era minha. Certa vez, quando estava com raiva de mim, ele jogou uma faca de açougueiro pela sala e ela passou zunindo bem perto da minha cabeça. Um louco completo."*
Catarina, 24 anos

No meu caso e no de outras mulheres, não é que as apaixonadas por homens errados não se importem quando os homens errados dizem que não querem compromisso ou que estão saindo também com outras mulheres (por falar nisso, há uma escondida no lavabo bem agora). O magnetismo de um homem errado é tão convincente que temos certeza de que ele vai se apaixonar por nós, contra seus instintos iniciais, porque ele criou esses limites autodefinidos antes de nos conhecer. Para ser justa, alguns homens errados de vez em quando se convertem ao estilo de vida de um cara legal. Mas em muitos casos eles simplesmente gostam de jogar. E se você é uma apaixonada por homens errados, o uso excessivo da palavra "jogador" é tudo que é preciso para definir o seu tipo, porque tenho certeza de que você colocou seus hábitos de namoro na função "repetir" e agora eles escaparam do seu controle.

O bom de tudo isso é que se você deixar que um cara legal execute sua magia, não haverá subtexto aos elogios, convites para jantar ou encontros sexuais. Ele irá recorrer sinceramente às táticas tradicionais de namoro para – ouça só isto – conhecê-la melhor. É claro que só porque ele é um cara legal isso não quer dizer que ele seja uma presa fácil. Suas palavras, pensamentos e atos podem ser expressos mais rapidamente e com mais sinceridade, mas um cara legal me disse certa vez que, quando um relacionamento ia em frente, suas intenções pareciam ter sido perdidas na tradução. É isto o que acontece: a maioria das mulheres não aceita um encontro com um homem a menos que ele preencha todos os critérios de sua Lista de Requisitos do Namorado dos Sonhos (ele é divertido? ligado à família?), mas um cara legal irá convidar uma mulher para sair e continuar a se encontrar com ela até reunir provas suficientes de sua compatibilidade a ponto de concluir que está apaixonado.

A questão é que só porque você saiu para jantar quatro vezes em uma semana com um cara legal isso não significa que ele esteja totalmente apaixonado por você. Ele gosta do que está vendo, mas ainda precisa conhecer mais. Então, inspire profundamente, porque quando vocês estão juntos não é preciso se preocupar se um cara legal vai querer apressar um relacionamento ou se ele precisa muito de você cedo demais. Ele pode ser um desafio delicioso, talvez até mais do que um homem errado, porque o modo como ele namora é novo para você. Ah, como é conveniente que as apaixonadas por homens errados sejam tão fãs da imprevisibilidade e de imperfeições desafiadoras...

## Que surpresa deliciosa!

Conforme seu Poder Superior e seu senso crescente de identidade forem entrando em funcionamento, você começará a reconhecer que os caras legais em sua vida são mais complexos do que você havia imaginado. Por mais que eu goste de dividir todos os homens em duas lindas categorias de Bom e Mau, nós duas sabemos que vai haver alguma superposição. E daqui vem a verdade inexorável de que seu futuro cara legal pode ser o atual homem errado de outra pessoa. Isso mesmo. Você não precisa vir me dizer que as pessoas evoluem e que as situações estimulam. Como os homens não são unidimensionais, diversos estímulos e personalidades criam percepções de Bom e Mau que se revelam de modos diferentes para mulheres diferentes. Então, assim que você estiver pronta para começar a namorar de novo, não tente descobrir um cara legal simplesmente procurando por uma bainha bem-feita nem se comparando às Polianas com quem ele ficou antes de você. Além disso, superar o vício em homens errados tem menos a ver com o homem em si mesmo e mais com o modo como a personalidade, o estilo de vida e as sensibilidades dele afetam você. Não é possível identificar um homem errado ou um cara legal apenas por seu estilo, trabalho ou interesses. A identidade dele vem mais da maneira como ele a trata do que de qualquer outra coisa.

Obviamente, seu objetivo final é romper esse círculo vicioso de namoros e colher os benefícios de uma dinâmica saudável. Mas isso não quer dizer que namorar um cara legal seja uma resposta fácil à dor da solteirice; ainda melhor, considere-o como um estilo de vida alternativo que irá abrir você para novos homens e escolhas mais inteligentes. Assim como listei os principais ingredientes que compõem o Coquetel de Características de um homem errado, farei o mesmo com os de um cara legal, mas vou chamar essa lista de Coquetel de Gentilezas. Da mesma forma que sua mistura favorita pós-ressaca inclui remédio para dor de cabeça e muito líquido, um cara legal representará uma mudança saudável e revigorante do Coquetel de Características que causou o desastre em sua disposição para o namoro.

## *O coquetel de gentilezas*[1]

Pense no cara legal como um alimento nutritivo para seu espírito e que satisfaz seus anseios por um amor bom e sério. Veja como essas características de cara legal se combinam para criar um conjunto delicioso, quer você inclua um deles como suplemento durante sua recuperação, quer acabe por acrescentá-lo a sua dieta regular. Para que o Coquetel de Gentilezas de um cara legal valha a pena, ele deve ter pelo menos seis dos açucarados ingredientes abaixo. Pode beber!

- Bondade
- Compaixão
- Empatia
- Respeito
- Capacidade de comunicação
- Desejo de se comprometer
- Opiniões fortes e seletivas
- É sexualmente imprevisível
- Valores próprios
- Trata sua família como se fosse a dele
- Faz um esforço consciente para se encaixar em seu mundo

---

1. *Como no caso do Coquetel de Características, os ingredientes do Coquetel de Gentilezas incluem os traços mais visíveis de um cara legal, mas não se limitam a eles. Eu poderia ficar falando como um cara legal é generoso, atencioso e mentalmente estável, mas só você sabe qual é a mistura de personalidade que aquece e anima suas entranhas. Além disso, vamos encarar: você já conhece os melhores aspectos de um cara legal, é só pensar um pouco. São as características que você adora encontrar em sua amiga, irmão, cachorro ou porteiro: basicamente, os atributos que fazem com que você se sinta especial, feliz, segura, apoiada e amada.*

- Surpreende você com mimos bem escolhidos
- Modéstia
- Sensibilidade para captar momentos oportunos
- Capacidade de elogiar
- Autenticidade
- Sabe quando colocá-la em um pedestal, e quando tirá-la dele
- Acalma seus medos, neuroses e níveis de estresse
- Equilibra suas falhas
- Paciência
- Instinto protetor
- Dá apoio
- Coerência
- Sabe pedir desculpas
- Honestidade
- Altruísmo
- Bem-intencionado
- Sabe apreciar
- Reconhece seus talentos
- Acolhe seus defeitos

## Querida, sinto muito, mas acho que você se deixou enganar

Neste momento, seu Poder Superior e ponto de vista expandido devem estar sentindo o choque de um despertar, algo parecido com a dor de um sutiã apertado, mas contra sua mente em vez de sua pele. É verdade, é verdade: os caras legais merecem muito mais crédito do que você lhes deu no passado. De fato, se alguém deve roubar a assinatura de "Ninguém me entende" dos homens errados, esse alguém é um cara legal (não que isso possa acontecer, pois poucos caras legais têm tendência ao furto, e os homens errados ganhariam um concurso de lamentações sempre). As apaixonadas por homens errados adoram homens desafiadores com costas fortes e atitudes irreverentes, mas

*"Namorei um mecânico que me perguntou se poderia 'trocar o meu óleo'. Foi uma imagem tão excitante que eu me apaixonei e fizemos sexo no primeiro encontro. O relacionamento durou cerca de um mês porque, digamos, ele estava trocando o de outra também..."*
Bárbara, 22 anos

isso não quer dizer que um cara legal também não vá rejeitar expectativas de uma vida certinha demais.

Acusamos equivocadamente os caras legais de serem melhores amigos do que amantes, perdedores com pouca autoconfiança que deveriam aprender com seus colegas bajuladores, e também os acusamos de serem homens menos bem-sucedidos, menos ambiciosos e com menos dinheiro que seus colegas mais agressivos, entre outros preconceitos (ratos de livraria, fracos, inseguros...). Todavia, encontrei menos caras legais que se encaixam nesses estereótipos do que homens errados que alegremente imitam os estereótipos que lhes correspondem. Quase todos os caras legais que conheço gostam de quem eles são e não têm tempo para ficar tentando impressionar mocinhas superficiais que insistem em avaliá-los segundo as aparências. E embora sejam muito pacientes e altruístas no quarto, podem também ser surpreendentemente desavergonhados e experientes no que diz respeito ao departamento de técnica sexual. Afinal de contas, legais ou não, rapazes são sempre rapazes.

Eu estaria mentindo se dissesse que existe uma sociedade secreta de caras legais disfarçados de baladeiros super na moda. Mas a esta altura, espero que seus requisitos para um encontro sejam mais profundos do que um jeans de grife. E se você ainda não chegou lá, então ouça esta confissão: muitas vezes, um toque de *nerd* pode ser um traço admirável, especialmente quando ele deixa que você assuma o poder. Nenhum homem aprecia uma mulher bonita, forte, divertida e autoconfiante mais do que um cara legal. Sua imagem melhora a dele, e todo homem gosta de saber com quem está lidando. Por acaso um homem errado já fez você se sentir uma conquista com potencial para longo prazo? Pois esse é o ponto.

## UM MEMORANDO PARA SEU ANTIGO EU

Já concordamos que você deve confiar em um Poder mais forte do que o seu vacilante autocontrole para permanecer limpa de agora em diante. E se esse Poder for simplesmente sua intuição? Embora você tenha feito um ótimo trabalho ao se afastar dos brutamontes, foi sua intuição que a incentivou a continuar lento isto até aqui; então ela não pode estar muito errada. Veja como podemos comparar os prós e os contras de uma noitada típica com homens errados e caras legais. A intuição fica no cerne de seu corpo e isso a torna Sua Chefe. Não é de surpreender que ela lhe esteja enviando um memorando oficial...

PARA: Um caso ainda não totalmente perdido
DE: Sua intuição mandona
ASSUNTO: Avaliação de desempenho de namoro

Tudo bem, apaixonada por homens errados: estou cansada de seus esforços para ignorar meus sábios conselhos e afogar minha voz com vinho. Como sua intuição, meu trabalho é transformá-la na melhor pessoa que você puder ser, e isso inclui afastá-la dos contraproducentes homens errados. Estou cheia do seu comportamento.

Aqui está um breve resumo de seu comportamento nos encontros com homens errados e do que espero de um futuro repleto de caras legais. Ouça o que eu digo e pode esperar por um aumento no seu departamento de namoros.

| MAUS HÁBITOS A EVITAR | BONS HÁBITOS A CULTIVAR |
|---|---|
| Ele faz um convite para jantar no último minuto e você aceita, mesmo que já tenha comido algo. | Ele liga por volta das 4 da tarde para confirmar uma reserva e a surpreende com ingressos para um show. |
| Você troca três vezes de jeans. Jura que ele os reconheceria, mesmo que seu último encontro tenha sido há um mês. | Você pega seu jeans do cesto e o borrifa com o perfume favorito dele. |
| Você passa a hora que ele está atrasado reaplicando *blush*; assim, quando ele chegar, vai parecer que você acabou de se maquiar. | Você passa os cinco minutos que ele está atrasado aplicando hidratante labial. Ele gosta de você sem maquiagem. |
| Você concorda em pedir uma porção extra de parmesão porque ele adora. Que importa se você tem alergia a lactose? | Ele pede um prato de salmão que dá para duas pessoas, porque leu que todas as mulheres precisam de uma dose de vitamina E. |
| Você diz a si mesma que a garçonete é mesmo apenas uma amiga dele. | Você acredita que a garçonete é mesmo apenas uma amiga dele. |

| MAUS HÁBITOS A EVITAR | BONS HÁBITOS A CULTIVAR |
|---|---|
| Você faz de conta que não percebe o olhar enviesado do porteiro e o cumprimento ambíguo do colega de apartamento dele: “Oi, você”. | O porteiro sabe seu nome e seu namorado tem um apartamento só dele. |
| Quando ele lhe oferece um cigarro depois da transa, você prefere dizer que parou de fumar a admitir que nunca fumou. | Ele faz campanha contra o fumo passivo nas horas livres. |
| Você perde um vôo para passar mais uma hora na cama, e reza para que não custe 200 reais trocar de passagem. | Você perde um vôo para passar mais uma hora na cama, porque ele pagou a troca de sua passagem. |
| Não tão por acaso, você esquece sua calcinha no chão do quarto dele para ele se lembrar de você. | Por acaso, você esquece sua calcinha no chão do quarto dele, e ele a devolve lavada e passada. |
| Você liga alguns dias depois para saber se ele está “bem”, embora vocês dois saibam que ele a está ignorando. | Ele liga depois do encontro para que você saiba como ele se divertiu. |
| Você parou de falar dele para suas amigas porque você nem deveria estar saindo com ele. | Você fala dele a uma amiga porque não está ansiosa, e mais que isso seria desnecessário. |

## *O que significa acomodar-se*

As apaixonadas por homens errados muitas vezes pensam que agarrar um cara legal é se acomodar, porque associam os caras legais com moletom e com dormir às 10 horas da noite. Legal quer dizer *ande em cima de mim com seus saltos-agulha*, e não estou me referindo a fantasias de massagem asiática. Legal é quem se casou com a nossa mãe, é quem põe a camisa para dentro da calça e quem perdoa a TPM por mais insuportáveis que fiquemos. Legal quer dizer que a vida nem sempre traz aquilo que queremos, então ficamos com a segunda opção por metade do preço.

**ALERTA:** Assim como os sutiãs modeladores, os homens errados são um remendo rápido para algo que está despencando.

É claro que esse tipo de pensamento é o motivo pelo qual as apaixonadas por homens errados são, bem, apaixonadas por homens errados. Porque se houver algo realmente satisfatório em namorar alguém por seis meses e depois ser apresentada a estranhos como "uma amiga", eu gostaria de saber o que é. Para mim, estar acomodada é você pedir a quatro colegas suas de trabalho e a seu pai que lhe enviem um e-mail só para testar se o seu servidor está funcionando, porque o seu homem errado ainda não entrou em contato. Estar acomodada também parece com ele não se lembrar de seu aniversário nem se oferecer para pagar o cinema.

Admita: todas as vezes que você se envolve com um homem errado, você passa 90% do relacionamento tentando adivinhar o próximo movimento dele ou analisando o movimento atual. *Será que ele vai retornar a ligação? O que ele quer dizer com relaxado? De onde ele conhece essa ruiva? Por que os amigos dele somem de repente? Quantas mulheres ele já teve, e como me saio quando comparada a elas?* Ao contrário de um cara legal, um homem errado pode transformar uma paquera em uma obsessão simplesmente provocando seu interesse com perguntas como essas, que sempre fazem você questionar sua sanidade. E os realmente enganosos? Eles a conquistam assim, sem mais nem menos. Provavelmente, você nem tem certeza se está realmente com um homem errado porque seus nervos estão num tal estado de alerta que você dá um suspiro de alívio simplesmente quando ele aparece. Não que os caras legais também não a deixem insegura, mas eles quase nunca fazem isso de forma intencional ou por negligência. Em resumo, os caras legais são tão seletivos quanto você. E sabe o quê mais? Os interesses deles são verdadeiros e têm potencial para durar mais do que o tempo necessário para fazer sexo de manhã e sair correndo antes de tomar café. Os caras legais não se acomodam com nada menos do que merecem. Então, agora vocês têm algo em comum.

## Não, sua ambiciosa! Você não pode ter tudo

Homens errados e caras legais não são mutuamente exclusivos, pois um precisa existir para elevar, arrasar ou apenas refletir o outro. Então, você bem pode parar de procurar o combinado perfeito errado/legal, porque é impossível esperar que as qualidades desejáveis de um homem errado se encaixem no paradigma do cara legal. Embora você vá ficar agradavelmente surpresa quando ele a desafiar ou mostrar um lado desconhecido, por exemplo, um cara legal não fará isso permanecendo deliberadamente distante nem deixando-a sozinha em um mundo perigoso.

> *"Talvez eu tenha errado em invadir o computador do meu namorado, mas quando vi que ele havia adicionado à sua pasta Favoritos todos os sites pornô da* web *e, além disso, mantinha fotos da ex (com grandes seios) em sua área de trabalho, eu me senti no direito."*
>
> Arlete, 26 anos

Então, por favor, deixe de lado a idéia de ter dois arquétipos espremidos em um só corpo, porque já é bastante difícil para eles permanecerem na mesma sala. Nunca vou me esquecer de quando fui ao apartamento de um ex para assistir a um jogo de futebol com amigos dele. Naturalmente, meu objetivo era estar maravilhosa e provocar um pouco de ciúme, se tivesse oportunidade. Assim, arrastei meu amigo Nicolas, um homem tão inteligente quanto atraente. Sua mera presença faz a maioria dos homens estufar o peito em algum esforço primal que finjo interpretar como uma demonstração de um alto nível de testosterona. A melhor coisa sobre Nicolas, no entanto, é que ele também é um cara legal de verdade.

Mas jogar um cara legal em uma sala cheia de homens errados não foi uma das minhas táticas mais inteligentes, principalmente porque Nicolas estava mais intimidado do que eu. Ele riu histericamente nas horas erradas e fingiu entender muito de futebol. E bem quando eu queria me esconder debaixo da cama, ele peidou.

Bem que eu gostaria de estar brincando.

Como você pode imaginar, os homens errados começaram a zombar e a gozar do meu amigo. Infelizmente, as respostas de Nicolas foram suplantadas pelas dos rivais, e todos os esforços que nós dois fizemos para parecer legais diante do meu ex foram imediatamente por água abaixo. Eu estava lívida. Desesperado para ficar bem com os caras (e eu?), Nicolas tentou uma última saída, convidando os rapazes maldosos para uma boate de *striptease* e se oferecendo para pagar a conta. Já mais que humilhada, arrastei Nicolas pelo braço, disse um até logo apressado e voltamos para casa sem trocar uma só palavra. A noite e meu plano afundaram juntos.

Foi então que aprendi que homens errados e caras legais jogam com os pontos fracos e com as identidades uns dos outros, pois eles se fortalecem e se ocultam sob a influência dos traços do outro. Como na verdade são criaturas muito diferentes, as diferenças acabam sendo realçadas, embora Nicolas não tenha tido muita chance de mostrar seus méritos naquela noite. Ele estava ocupado demais em fazer piadinhas a respeito de seus gases e depois em tentar recuperar sua reputação ao convidar todos para um jantar entre mulheres seminuas. Se os homens errados estivessem no território de Nicolas, talvez as coisas tivessem ficado igualmente desequilibradas, mas mais favoráveis para o meu amigo.

Isso me lembra algo mais: a pior coisa que uma apaixonada por homens errados pode fazer é sentar-se em uma sala com os dois tipos e ficar brincando de fazer comparações. Os homens errados têm muita prática na arte de "Veja, eu estou aqui", e os caras legais vão parecer um tédio quando comparados a eles. Especialmente porque, em outras circunstâncias, eles brilhariam. Infelizmente, nenhum Poder Superior pode proteger uma nova apaixonada por homens errados de suas próprias tendências críticas e voltadas para a aparência. Se pudesse evitar, eu nem me meteria em uma confusão dessas.

## *Um pirulito recheado: a teoria de um homem errado regenerado*

Meu amigo Antônio é um homem errado regenerado. Ele já foi um noivo fiel e já traiu sem remorsos. Tratou algumas mulheres como jóias preciosas e jogou outras de lado como se estivessem cobertas de ferrugem. Nos dois anos desde que o conheci, Antônio tem sido um amor comigo e com as mulheres que namorou. Isso sempre fez com que os detalhes de suas aventuras como homem errado parecessem histórias de pescador, quer elas fossem como ele fez sexo com uma estranha depois de um protesto político, chamou sua namorada para pagar a fiança por dirigir embriagado ou fez sexo com artistas cobertas de tinta no chão de seu estúdio. Só depois de eu observar Antônio interagindo com uma antiga paixão e de eu ter sido apresentada a sua teoria do cara legal é que acreditei.

Estávamos passeando com o cachorro de Antônio quando cruzamos com uma morena alta e bonita com dois mini-*schnauzers*. "Como vai?", perguntou Antônio, abaixando-se para fazer carinho nos cãezinhos dela. A mulher parou e olhou firme. E depois, com todo o poder de seu físico magro de modelo, puxou seus cães pela rua, com uma leve afetação. Antônio ficou quieto.

"O que você fez a ela?", perguntei, um pouco ansiosa demais para descobrir o que ele pensava. *Eu já fui essa mulher*, pensei. *Conheço muito bem o andar dela...*

"Transei com ela e não liguei no dia seguinte", respondeu Antônio. Os olhos dele estavam doloridos e estranhos. "Aconteceu há muito tempo, quando eu não era gentil com as mulheres porque não gostava de mim mesmo." Eu quis fazer um milhão de perguntas, e todas começavam com "Você?!" Mas deixei que Antônio quebrasse o silêncio, porque se você esperar o bastante, um homem geralmente faz isso.

"Eu tenho uma teoria sobre os caras legais", disse ele. "Existe uma fórmula, uma equação que as mulheres podem usar para perceber se alguém tem uma boa alma. Eu me desenvolvi com essa fórmula. Ela não costumava vir naturalmente."

Conte mais.

"Macio ao redor do duro e ao redor do macio", disse ele, como se fosse óbvio. "Essa é a fórmula à prova de tolos para encontrar um cara legal." Segundo Antônio, os caras legais têm um exterior macio que permite que você penetre neles, uma fachada que os torna acessíveis. A seguir, eles deixam você chegar a uma camada mais firme; é a que os leva a conquistar e os ajuda a suportar a pressão. E, por fim, um cara legal irá revelar o núcleo macio de sua natureza. Visualmente a fórmula me lembra um pirulito recheado com uma camada extra de chocolate. "Um homem errado é o oposto: duro ao redor do macio e ao redor de duro", concluiu ele.

*"Durante a faculdade, eu trabalhava meio período em uma joalheria. Um dia, um homem foi comprar um anel para a noiva, e, depois de escolher um, ele me convidou para sair! Até hoje fico pensando se eles se divorciaram."*
Amanda, 32 anos

Nessa noite, investiguei mentalmente minhas conquistas passadas, e sabe de uma coisa? Todos os caras errados com quem já namorei tinham um centro duro, envolto por uma camada macia, envolta por uma camada dura. Um núcleo duro nem sempre torna os homens errados rudes ou raivosos, mas os torna emocionalmente resistentes a gestos suaves e gentis como empatia ou amor. É um núcleo macio que dá, recebe e entende o calor sobre o qual os relacionamentos de carinho são construídos. E é isso que os caras legais são.

"E você?", perguntei a Antônio. "Macio ao redor do duro e ao redor do macio?" "Com certeza", disse ele. E continuou: "Se eu tivesse encontrado aquela mulher pela primeira vez hoje, e ela conhecesse essa equação, estaríamos fazendo carinho nos *schnauzers* dela agora".

## Tenha calma: um cara legal não irá a parte alguma

Sou a primeira a admitir que a revelação rápida de um homem errado é muito excitante. Não há nada mais satisfatório do que a gratificação imediata que advém da atração química e da revelação pessoal. Mas o problema de querer mais e mais, e agora, agora, é que faz você ficar disponível demais, o que pode ser desagradável tanto para homens errados como para caras legais. Não importa se você tem 60 anos e está coberta de rugas: você ainda tem todo o tempo do mundo para aperfeiçoar seu desempenho. Especialmente se ele levar a um lugar que é mais tranqüilo que qualquer outro que você tenha visitado em alta velocidade. Especialmente se seu futuro cara legal insistir em ir devagar.

Como já disse antes, um cara legal parece mover-se mais rápido do que um homem errado – mais encontros por semana, mais elogios por hora –, mas isso não quer dizer que ele está caindo emocionalmente em um ritmo desesperado ou ansioso. Depois de três meses namorando ternamente um cara legal, eu me virei para ele e perguntei, tímida: "Você está se apaixonando por mim?" Uma pergunta, ouça bem, que só uma idiota faria se não tivesse certeza da resposta. Ele respondeu: "Hum..." Ótimo. Adivinhe quem ficou se sentindo como um sapo? Contudo, um mês depois, meu namorado finalmente disse as três palavras que eu estava esperando ouvir, e confirmou a teoria do meu amigo de que os caras legais reúnem dados antes de declarar seu amor.

Vou sempre continuar enfatizando isto: embora você possa se sentir tentada a enlouquecer com a atenção consistente que um cara legal lhe dispensa e com o número de encontros que ele marca, não imagine que ele a está sondando para saber se você gostaria de investir em uma pequena ilha com ele! Ele apenas está demonstrando interesse. É provável que seu futuro cara legal vá revelando aos poucos seus valores, sentimentos e passado, mesmo que esteja cortejando você algumas vezes por semana. Se ele optar por se conectar mais devagar, como aconteceu com meu namorado, por favor não considere isso um insulto, só porque você está acostumada com homens errados que têm o hábito de se revelar mais depressa. Lembre-se: velocidade e arrebatamento nem sempre foram sinais de sinceridade no passado. Além disso, o modo gradual de se dar a conhecer de um cara legal – associado a encontros relaxados – irá permitir que você realmente conheça o histórico, a personalidade e os interesses dele sem um ritmo intimidante. Isso dará a vocês dois tempo suficiente para considerarem se são realmente compatíveis.

Como uma apaixonada por homens errados em recuperação, também descobri que a lenta revelação de um cara legal torna possível que eu tire da cabeça qualquer idéia de compromisso sério, caso perceba que esse cara legal é o errado para mim. Não que eu concorde com a traição, mas se você escorregar durante a fase inicial e confusa do “Será que estamos namorando?”, haverá menos culpa da qual se livrar se seu relacionamento ainda estiver indefinido. E antes que eu conclua a lição intitulada “O amor é uma maratona, não uma corrida de Fórmula 1”, o bem-intencionado desapego de um cara legal também aumenta a curiosidade a cada encontro reconfortante e faz com que você anseie por mais. Acredite se quiser, mas seu apetite na verdade aumenta quando você sabe mais que o usual sobre a pessoa que deseja conhecer melhor.

# CAPÍTULO 4

# Parando de brigar

> **Passo 3:** Tome a decisão consciente de entregar suas resoluções e noites de sexta-feira aos cuidados de influências positivas, mesmo que isso signifique dedicar um tempo de qualidade a sua irmã mais nova.

**Conforme você passa gradualmente** do errado para o legal, sua bagagem de apaixonada por homens errados pode parecer um pouco pesada demais de carregar sem ajuda, especialmente no caminho cheio de pedras da recuperação. Por isso, sugiro que você contrate uma espécie de carregadora. Ela a ajudará a se orientar nesse processo, para que você possa encontrar o caminho até seu conteúdo pessoal, sem que um homem errado a desvie de seus objetivos. Encontre sua madrinha.

É possível que os sintomas de abstinência de sua paixão por homens errados façam você sentir que não é mais a mesma. Afinal de contas, os caras legais que a rodeiam podem tê-la reapresentado a passeios no zoológico, campeonatos de aeromodelismo, caminhadas no parque e até mesmo a feiras de artesanato (a carapuça serviu em alguém?). Antes, você teria passado a tarde de sábado analisando seu encontro com um homem errado junto com suas amigas, bebendo vinho tinto e discutindo: *O que ele quis dizer com "Depois a gente se fala"? "Depois" quer dizer daqui a uma hora ou daqui a três longos meses?* Mas agora você está conhecendo de fato a alegria de abraçar calorosamente os novos amigos que encontra em uma festa tradicional comunitária e a imensa felicidade de usar macacão e tênis, que podem parecer completamente desajeitados apenas porque você não está acostumada a usá-los. Segurar firme na mão de seu cara legal pode ajudar a controlar o desconforto de cruzar essa ponte, mas não vai impedir que seus instintos se revoltem contra as criancinhas na reunião da família dele, por mais que você finja adorá-las. Especialmente se não conseguir se esquecer de como Seu Antigo Eu teria ensinado alguns palavrões aos pequerruchos.

Meu conselho? Não seja tão dura consigo mesma! Você deu o salto para o território dos caras legais há pouco tempo e não pode esperar que só haja alegria em sua nova vida amorosa, mesmo que isso aconteça em surpreendentes 99% do tempo. Pois ainda sobrará 1% do tempo em que você não vai conseguir lidar com tudo sozinha. É exatamente por essa razão que você precisa encontrar uma madrinha dedicada e confiável. E se ela também for boa de festas, você estará no lucro.

**ALERTA:** Em tempos difíceis, um processo solitário de tomada de decisão pode ser incrivelmente complicado.

O Passo 3 tem a ver com apoiar-se nas influências positivas para orientação e suporte. Em tempos difíceis, um processo solitário de tomada de decisão pode ser incrivelmente complicado. Escolher uma madrinha é, basicamente, escolher uma amiga leal cujo autocontrole seja maior que o seu. Mas ela também precisa ser capaz de não julgar sua situação. O ideal é que também ela fosse uma apaixonada em recuperação, de modo que vocês pudessem buscar uma à outra para esclarecimento e apoio. Nem digo como é importante que sua madrinha tenha estado em bancos de trás de carros ou no chão de uma cozinha com homens errados. Ao ajudá-la a tomar decisões emocionais mais inteligentes, ela também fará o mesmo consigo própria. Apoiar-se em uma amiga divertida mas confiável que conheça suas fraquezas, respeite sua força e incentive sua jornada irá transformar sua caminhada de algo tedioso em algo garantido.

Você sempre procurou por amigas para conversas de incentivo na manhã seguinte, mas agora você precisa de um alarme que soe *antes* de você concordar em acabar com uma garrafa de champanhe junto a um homem de fala macia. A tarefa de sua madrinha é colocar seus interesses antes dos dela e compartilhar seus novos ideais. Ela também deve estar acessível em todos os momentos: de manhã, ao meio-dia e, especialmente, depois da meia-noite, quando seus hormônios começam a se revoltar. Sua madrinha pode ser sua irmã, sua melhor amiga, uma colega de apartamento ou até uma vizinha (se ela ainda conversar com você mesmo que apenas uma parede separe o seu quarto do dela). Mas assegure-se de que ela seja mesmo uma mulher. Você não vai querer se arriscar a uma co-dependência com um espécime apetitoso que possa simplesmente vibrar com seu espírito vulnerável e o perfume do seu hidratante. Inclua o número de telefone de sua madrinha em seu celular, borde-o na alça do sutiã ou faça uma tatuagem dele no pulso. Tenha certeza de que esse telefone estará com você o tempo todo.

## Tão poucos homens errados, tanto tempo

Você costumava dedicar longos períodos à troca de mensagens eletrônicas para analisar os *e-mails* de um ex. Ah, os velhos maus tempos com aqueles tragicamente perturbados... E então, o que uma apaixonada por homens errados faz com o tempo livre agora? Bem, vou lhe dizer.

Comece a preencher sua agenda com experiências que a abram para o desconhecido, quer seja passear com o cachorro, quer seja reunir as amigas nos fins de semana. Redecorar o apartamento com achados em feiras de usados, tricotar suéteres para sua avó ou recortar receitas de revista, embora sejam atividades novas, podem ser um tanto solitárias demais para sua psique neste momento. Mais do que nunca, você precisa estar rodeada de pessoas animadas e objetos em movimento, só para lembrar a si mesma que sua mente e seu espírito estão em movimento constante e que você nunca mais ficará presa a um estilo de vida que não leva a nada. Embora você tenha acolhido os caras legais em sua vida, ainda está se acostumando com o que isso quer dizer de fato. E também é imperativo manter seus amigos mais excêntricos, audaciosos e de língua mais afiada por perto. Tomara que sua madrinha tenha muitas dessas qualidades, assim você não irá se sentir longe demais de sua zona de conforto.

Como uma apaixonada por homens errados em recuperação, você sabe muito bem como é fácil ser arrastada para o mundo de um homem. Mas quando você é arrastada para o mundo de um cara legal, o universo dele pode parecer tão estranho – por mais que você goste dele – que você corre o risco de perder contato com seus antigos interesses e personalidade, o que só a fará ter um chilique. Quer estejamos falando sobre o presente (um amigo cara legal) ou sobre o futuro (um namorado cara legal), a idéia que um cara legal tem de bons momentos provavelmente será diferente da sua. Os passeios no zoológico e as idas a festas tradicionais de que já falei são experiências fantásticas, mas se elas forem sua *única* exposição ao que define como uma "vida social" você se arrisca a perder contato com seu eu real e a ficar pairando acima dele, em vez de permanecer firme no chão e em contato com sua *persona* em evolução, graças ao apoio de influências positivas.

> *"Namorei um homem que, quando bebia demais, vomitava por toda parte, menos no vaso sanitário. No meu cesto de roupas limpas, no meu armário, no meu criado-mudo..."*
> Elizabete, 27 anos

Embora precise jogar fora sua pele de apaixonada, você não vai querer negligenciar quem você era antes de iniciar esse projeto de

## COISAS A FAZER (EM VEZ DE HOMENS)

Assim como ex-fumantes gostam de mascar chiclete ou tomar café, apaixonadas por homens errados em recuperação precisam de atividades que ajudem a preencher as horas agitadas, que, caso contrário, serão gastas lutando contra os sintomas da abstinência. Sente-se tentada a ligar para uma antiga paixão? Escreva uma carta antiquada durante as horas úteis! Morrendo de vontade de sentir uma barba por fazer contra o rosto? Convide suas amigas para uma esfoliação com uma pasta de mel e amêndoas! Seu objetivo é se manter ocupada, de modo a não se envolver com as coisas erradas. Agora pare de reclamar e comece a se mexer.

| SE ESTIVER MORRENDO DE VONTADE DE: | NÃO FAÇA ISSO! EXPERIMENTE: |
|---|---|
| Ler novamente os e-mails para se lembrar que ainda sabe seduzir. | Entrar em um curso de culinária com mulheres menos atraentes do que você. |
| Apertar o rosto daquele homem errado contra seu peito. | Visitar a ala da maternidade do hospital mais próximo. |
| Sentir o cheiro de cigarro nas mãos de um homem. | Encontrar um cabeleireiro que seja meticuloso ao cortar franjas assimétricas. |
| Mostrar sua nova camisola de seda a uma platéia cativa. | Usar a camisola com um jeans para ir a uma festa. |

| SE ESTIVER MORRENDO DE VONTADE DE: | NÃO FAÇA ISSO! EXPERIMENTE: |
|---|---|
| Encontrar "por acaso" alvos fáceis em locais populares. | Treinar para um triatlo com um grupo de especialistas em *fitness*. |
| Sentir a respiração quente de um homem errado em seu pescoço. | Andar de ônibus e metrô por uma semana. |
| Olhar para um homem nu com ar lânguido. | Fazer uma aula de desenho com um modelo vivo. |
| Correr a língua sobre uma tatuagem estrategicamente localizada. | Oferecer-se como voluntária para lamber selos em uma organização sem fins lucrativos. |
| Limpar os cantos escuros da mente de um homem errado. | Ajudar a limpar os cantos escuros do armário de sua mãe. |
| Sentir-se completamente não apreciada por alguém que diz se importar com você. | Convidar sua família para passar o fim de semana em seu apartamento. |

auto-aprimoramento. Quando comecei a passar algum tempo com caras legais – e apenas com caras legais – durante os estágios iniciais da minha recuperação, eu sentia orgulho em dizer que podia realmente me divertir olhando um cercado cheio de macacos ou assistindo a uma trilogia em DVD. Mas depois de algumas semanas, eu me sentia como se tivesse suprimido completamente alguns elementos que faziam parte da definição de quem eu era: o gosto pela arte experimental, a coragem de ir a um evento de moda usando um tênis velho, a atitude descuidada que me fazia tirar a roupa diante de janelas abertas. Embora numa época algumas dessas situações estimulassem encontros com homens errados, muitas não o faziam. Mas me recusei a embarcar nelas, com medo de que qualquer referência ao passado pudesse me levar a uma farra. Como tênis Adidas esfarrapados e renegados criativos me lembravam de meu estilo de vida apaixonado por homens errados, eu os evitava completamente, o que, infelizmente, significava afastar todos os amigos homens errados da minha vida, mesmo que fossem perfeitamente capazes de desempenhar um papel platônico. Essa foi uma decisão precipitada.

**ALERTA:** Sua madrinha precisa ser uma mulher. Você não vai querer se arriscar a uma co-dependência com um espécime apetitoso que possa simplesmente vibrar com seu espírito vulnerável e o perfume do seu hidratante.

O que logo percebi é que só porque uma apaixonada por homens errados está trabalhando duro para eliminar o perfume de um homem errado de sua vida íntima, eu não recomendaria que ela se afastasse de todos os que conhece. Isso não significa ligar para um ex-namorado homem errado e sugerir uma reunião como amigos para fazerem uma retrospectiva da relação. Em vez disso: lembra-se do rapaz que você nunca quis namorar mas que a convidou para patinar no apartamento imenso de um amigo quando estava tomando conta da casa? Ou daquele que a levou a uma turnê por cemitérios históricos no dia de Finados? Ou daquele que mostrou todo seu conhecimento sobre arte de vanguarda? Inclua-os em sua agenda social, pois se você passar todo o tempo com caras legais provavelmente não vai querer satisfazer aquele impulso mais-estranho-do-que-a-ficção que só os homens errados são capazes de saciar. E ao diversificar seu ambiente você irá estimular suas sensibilidades mentais, criativas, espirituais e emocionais, e lembrar a si mesma dos lados bons de seu passado que você nunca quis abandonar porque eles ajudavam a definir muitas coisas também boas de quem você era. Parte do problema com um estilo de vida apaixonado é que ele é incrivelmente míope. Não caia na armadilha de um tipo único de novo, só que dessa vez ao contrário. Contudo, convide sua madrinha para acompanhá-la; assim seu caminho será o mais seguro possível.

Um último conselho: tente não permitir que o pêndulo vá drasticamente para uma direção ou para a outra. Equilibre o tempo que você passa com amigos homens errados e com caras legais, para assim sentir-se mais completa. Não importa o que você escolha fazer e com quem, mas eu evitaria misturar caras extremamente legais com amigos homens errados até você chegar ao Passo 5 e ter um domínio mais firme do seu RG. Lembra do momento desagradável com os gases intestinais de Nicolas? Eu não desejaria essa experiência para ninguém.

# CAPÍTULO 5

# SOU BOA O BASTANTE, SOU QUENTE O BASTANTE...

**PASSO 4**: FAÇA UM EXAME CORAJOSO DE SUA SUJEIRA MAIS ÍNTIMA, E ADMITA PARA SI MESMA, PARA UM PODER SUPERIOR E PARA OUTRA PESSOA OS DETALHES MAIS ESCABROSOS DE SEUS ERROS SINCEROS.

**Na maioria dos programas de doze passos**, o processo de examinar suas misérias e depois confessar seus podres para um grupo de três pessoas é separado em passos consecutivos. Mas, para nossos propósitos, eu os combinei porque acho que são tão interligados quanto maionese e pão. Além disso, tanta reflexão voltada para o próprio umbigo pode ser muito desanimadora se permanecermos tempo demais no assunto, e eu prefiro olhar para a frente, tanto quanto olhamos para trás.

Até agora, o processo de integrar lentamente os caras legais a seu mundo à medida que você se livra das frustrações provavelmente tem sido de altos e baixos. Você se aproxima bastante em um momento, para depois se afastar de novo. Para um cara legal, que é mais estável do que uma cama com quatro pés, você pode parecer uma esquizofrênica *sexy* com alguns problemas de identidade... mas não importa. Os caras legais sempre ficarão por perto para descobrir seu verdadeiro eu, e a novidade é sempre um toque extra nos relacionamentos com bons núcleos, sejam ou não românticos.

O mais importante é que você exorcize plenamente seus demônios de homens errados para poder definir claramente a vida que deseja levar antes de querer fugir de si mesma. Infelizmente, você não pode seguir em frente de verdade sem limpar seu passado. Camadas e mais camadas de resíduos imundos de anos como uma apaixonada por homens errados depositaram-se temporariamente em sua linda cabecinha, em seu coração e em sua alma. Chegou a hora de arregaçar as mangas e começar a faxina.

## Diga adeus a seu passado

O ato de dissecar realmente seus pensamentos e sentimentos mais íntimos e suas armadilhas divertidas prediletas exige que você confronte um lado de si mesma que preferiria ocultar embaixo de um decote poderoso e de rímel à prova d'água. Mas por que transformar essa escavação emocional em uma experiência lacrimosa, se pudermos evitar? É hora de mais perguntas, porém desta vez preciso que você coloque seu batom mais forte como se fosse uma garota de 10 anos vestindo-se de adulta. Você era uma vadia-em-treinamento e agora é uma apaixonada por homens errados em recuperação. Engraçado como a vida (ou pelo menos os batons) vem em círculos.

De qualquer modo, nas páginas seguintes há uma lista de frases que passaram pela sua cabeça ou foram ditas por sua atraente boca de apaixonada por homens errados, e nem tente negar. Em vez disso, dê uma nota de um a cinco a cada uma delas, de acordo com a freqüência com que você a disse ou pensou. Embaixo de cada frase familiar há um espaço para os lamentos pessoais que o exercício pode evocar. Quando terminar o exercício, você terá: 1) expiado seu passado, 2) coberto essa página com memórias confusas o bastante para querer despedaçá-la, e nunca mais olhar para trás.

“Como assim, ‘Não há mensagens novas na minha caixa de entrada’?”

..................................................................................................

..................................................................................................

..................................................................................................

..................................................................................................

“Se eu disser umas sacanagens, será que ele vai se apressar e acabar logo?”

..................................................................................................

..................................................................................................

..................................................................................................

..................................................................................................

“Sou uma mulher forte e independente!”

..................................................................................................

..................................................................................................

..................................................................................................

..................................................................................................

“Se eu comprar pãezinhos antes de ele acordar, talvez ele fique para o café...”

..................................................................................................

..................................................................................................

..................................................................................................

..................................................................................................

..................................................................................................

"Ah, não, senhor garçom do serviço de quarto, eu não sou a senhora..."

...........................................................................

...........................................................................

...........................................................................

...........................................................................

"É cedo demais para usar a escova de dentes dele e não consigo encontrar meu chiclete..."

...........................................................................

...........................................................................

...........................................................................

...........................................................................

"Quem compra camisinhas no atacado? E as guarda no armário da cozinha?"

...........................................................................

...........................................................................

...........................................................................

...........................................................................

"Li naquela revista feminina que velas com perfume de baunilha ativam os hormônios... Vou levar quatro."

...........................................................................

...........................................................................

...........................................................................

...........................................................................

...........................................................................

"Mas ele assinou o *e-mail* com beijos!"

..................................................................................

..................................................................................

..................................................................................

"Bem, você estava aqui e estávamos bêbados..."

..................................................................................

..................................................................................

..................................................................................

"Quando foi a última vez que você trocou estes lençóis?"

..................................................................................

..................................................................................

..................................................................................

"Você é meu namorado?"

..................................................................................

..................................................................................

..................................................................................

..................................................................................

"Será que eu devo dizer que estou me divertindo, ou será que vai parecer que estou me divertindo demais?"

..................................................................................

..................................................................................

..................................................................................

..................................................................................

"Ele queria mesmo colocar o dedo ali?"

..............................................................................

..............................................................................

..............................................................................

"Droga. Espero que ele não veja a revista com teste para mulheres que querem se casar na minha mesinha-de-cabeceira."

..............................................................................

..............................................................................

..............................................................................

"É mau sinal ele estar cheirando a uísque quando vem me buscar?"

..............................................................................

..............................................................................

..............................................................................

"Quantos pêlos púbicos são demais?"

..............................................................................

..............................................................................

..............................................................................

..............................................................................

"Não, mamãe, não posso pedir que ele vá comigo ao casamento."

..............................................................................

..............................................................................

..............................................................................

..............................................................................

"Se eu lhe der um relógio Gucci, ele vai pensar que quero ser mãe de seus filhos."

..............................................................................

..............................................................................

..............................................................................

..............................................................................

"Você é perfeito. Não é engraçado como as coisas acontecem na vida?"

..............................................................................

..............................................................................

..............................................................................

..............................................................................

"Você me ama?"

..............................................................................

..............................................................................

..............................................................................

..............................................................................

## Compartilhe, e compartilhe mais uma vez

O que já foi sua melhor piada em festas está para se transformar em uma atividade de faxina emocional. Como você já fez as pazes com suas explorações de apaixonada, agora é a hora de compartilhá-las com aquele Poder Superior de que falamos antes, e com alguém em quem você confie (de preferência, sua madrinha). Admita, por exemplo, como você certa vez andou 7 quilômetros de sua casa até um barzinho só para ver um homem errado de relance, ou como preparou um jantar para um ex depois de ter transformado o casaco de couro dele em um avental revelador... atitudes como essas podem ter lhe dado a fama de alguém que "sabe aproveitar a vida". As experiências passadas ajudaram a definir seu caráter, senso de humor e prioridades futuras. Mesmo que elas tenham machucado seu coração, você está a caminho de um eu mais completo, e apagar completamente o passado da memória não é apenas impossível; é indesejável. Se rejeitar de forma tão drástica quem você foi no passado, estará essencialmente repreendendo sua alma por ela ter sido como foi. E, querida, você não era uma má pessoa, de modo algum. Livrar-se de suas tendências apaixonadas por homens errados simplesmente significa que você está crescendo e está pronta para passar a uma nova fase da vida.

**ALERTA:** As apaixonadas por homens errados passam por sintomas de abstinência como qualquer dependente de comida, jogos, cigarro ou bebida. Como isso a afetará? Digamos que não será um momento muito prazeroso.

A autopreservação saudável é uma coisa boa, mas por que se sobrecarregar com todas as responsabilidades? Compartilhar suas aventuras com outros dois seres – um espiritual, outro concreto – irá manter sua responsabilidade em diversos níveis. Depois de ouvir suas histórias sujas, essas influências irão se tornar intimamente familiarizadas com cada experiência, de modo que possam estar atentas a sinais de alerta de recaída e intervir, se necessário. Elas também vão ter mais simpatia por sua jornada desde os homens errados até os caras legais, porque você já terá elaborado muito por sua própria conta e pode ajudar a completar detalhes do quadro que talvez não fossem tão óbvios para você antes.

Desse modo, seu sistema de apoio irá se tornar zilhões de vezes mais forte. Isso mesmo, zilhões.

**ALERTA:** Camadas e mais camadas de resíduos imundos de anos como uma apaixonada por homens errados depositaram-se temporariamente em sua linda cabecinha, em seu coração e em sua alma.

Como não vai querer que as pessoas que você ama confundam confissões sinceras com críticas pretensiosas, mantenha suas histórias indecentes mas com detalhes, e emocionalmente informativas. Aprenda com os programas de entrevistas terapêuticas, que começam as histórias potencialmente chocantes com "Eu sinto..." para diminuir o fator de estranheza no público. Ao dizer como se sente, você reforça que assume a responsabilidade por suas opiniões, lembranças e emoções, e que não tem medo da vulnerabilidade. Assegure-se de entremear pedidos de desculpas quando necessário, mas mantenha a "tecla SAP" sob controle. "Madrinha, sinto tê-la abandonado muitas vezes em bares sujos para ir me encontrar com homens errados em outro lugar" é muito mais adequado do que "Ei, madrinha! Lembra daquela vez em que fomos expulsas daquele buraco e você mal conseguia parar em pé, e eu a deixei sozinha para ir transar com aquele cara barbado na garagem da casa da mãe dele? Foi mal! Desculpe, querida". Se for preciso, use cartões de lembrete para ajudá-la com os pontos que quer abordar. Sugiro fichas pautadas, cor-de-rosa, de preferência.

Como todo o seu repertório de histórias de homens errados não vai fluir para fora de seu cérebro de uma só vez, pode ser preciso repetir o Passo 4 de tempos em tempos. Quando experimentar um intenso fluxo verbal, você entrará em um estado de desintoxica-

*"Depois de um primeiro encontro, levei um cara para meu apartamento para transar. Tenho seios tamanho 44 naturais, e quando levantou minha blusa, ele disse: 'Buuu-nitinhos!'. Que reação mais adolescente, principalmente vinda de alguém com 32 anos!"*

Raquel, 28 anos

ção, que tem o objetivo de limpar todo o seu ser. Não vai ser lá muito bonito, mas depois de acabado você se sentirá muito melhor.

## Desintoxicação de homens errados: estresse! vômito! dança!

Se sua madrinha levar jeito para a coisa, ela não terá receio de tirar a mão de um homem errado da sua, e substituí-la pela de um cara legal. Mas não é aqui que termina a responsabilidade dela. Quer vivam apenas algumas farras em encontros, quer tenham estabelecido padrões de homens errados de longo prazo, as apaixonadas por homens errados passam por sintomas de abstinência como qualquer dependente de comida, jogos, cigarro ou bebida. Como isso a afetará? Digamos que não será um momento muito prazeroso.

A notícia desconcertante é que, conforme você for se livrando de sua queda por homens errados, os sintomas de abstinência surgirão cada vez com menor quantidade de atração ou salivação. (Por isso tantas apaixonadas por homens errados insistem em travessuras matinais para acalmar os nervos e a ansiedade.) Para uma desintoxicação adequada, tranque-se em uma sala com sua madrinha e vomite até o último segredo, desejo e história remotamente ligada a sua vida como apaixonada por homens errados. Seja clara sobre a noite que passou no apartamento de um estranho só porque queria acordar com a maravilhosa vista que ele proporcionava! Confesse que atendeu o telefonema de sua mãe, no sábado de manhã, enquanto acariciava a tatuagem de um raio na coxa de um homem! Enquanto estiver removendo o homem errado de seu sistema, é importante manter-se bem hidratada e repousar em um quarto tranqüilo e escuro. Esta última parte vale também para sua madrinha, pois ela vai ouvir as histórias pela milésima vez e limpar de quando em quando seu rosto com um pano úmido.

A fase de desintoxicação é moderadamente desconfortável, mas passa depois de um curto período de tensão, agitação, dores de cabeça, nervosismo e insônia. Mãos suadas, náuseas e palpitações são sintomas extremos, mas podem ocorrer. Como as apaixonadas por homens errados passam tempo demais em bares escuros e enfumaçados, elas podem se esquivar de uma luz que pareça muito luminosa ou de um cheiro especialmente intenso.

Depois de ter exaurido seus nervos, e os de sua madrinha, é extremamente importante terminar com um sorriso. Depois de suar e vomitar todos os detritos de homem errado, não posso pensar em nada mais gratificante do que executar uma pequena dança... com acessórios! Você só vai precisar de alguns pertences dos homens errados (chapéus, fotos, escovas de dentes, videogames), uma lata de lixo colorida e um algum ritmo. Cante comigo agora, na sua melodia favorita:

*O estojo de CDs você vai guardar,*
*mas os CDs de dentro vai tirar.*
*As cuecas favoritas vai adicionar*
*e resistir à vontade de chorar.*
*Dos homens errados vai se desintoxicar*
*e toda a sua vida vai mudar.*
*Agora sim as coisas vão andar!*

# CAPÍTULO 6

# JOGANDO LIMPO

**PASSO 5:** VOCÊ AGORA ESTÁ ABSOLUTA, POSITIVA E COMPLETAMENTE CONVENCIDA (A PONTO DE APOSTAR SUA CARÍSSIMA BOLSA LOUIS VUITTON) DE QUE ESTÁ PRONTA PARA DEIXAR PARA TRÁS AS FALHAS DE CARÁTER DE APAIXONADA POR HOMENS ERRADOS... E PASSAR A INVESTIR EM CARAS LEGAIS.

**Até agora, você se abriu** para os caras legais, embora o quanto permite que eles participem do seu dia-a-dia varie de uma apaixonada por homens errados para outra. É importante que você também comece a assumir a responsabilidade por suas ações, mesmo que em passinhos de bebê, porque só vai poder dividir a responsabilidade por seu bem-estar com um Poder Superior e com uma madrinha por algum tempo. Oficialmente, a tarefa de deixar para trás, de uma vez por todas, os hábitos de apaixonada por homens errados é toda sua.

Como água-de-coco geladinha numa praia em pleno meio-dia, é refrescante saber que um cara legal irá facilitar esse processo, seja ele um amigo, um paquera, um namorado ou um amor verdadeiro a longo prazo. Nunca recomendei que você saltasse da carona da moto do homem errado para o sofá acolchoado de um cara legal, pronta para o que der e vier. Você não pode esperar que um homem a salve se você ainda não se salvou. Mas como eu já disse: ser amiga de caras legais (amiga sem aspas! Sem aspas!) facilita a transição, uma transição para a qual você está pronta. Nesta altura do programa, é a hora de dar seu maior passo...

Tire a poeira do diafragma e apronte-se para namorar de novo!

Se você está um pouco apreensiva quanto a deixar os caras legais fazerem um papel romântico em sua vida, não se frustre comigo agora. Quando você era criança e estava aprendendo a ler, sua professora convenceu-a de que cada um tem um ritmo próprio. Ela sugeriu que você investigasse as palavras e entendesse a pronúncia de cada sílaba antes de ler. O mesmo vale para o namoro. Agora você já sabe coisas básicas sobre os caras legais e o que esperar deles, pelo que já leu e pelas experiências que teve na vida real com caras legais. Vá devagar com os novos namorados em potencial e inclua em sua prática a introspecção e o bom senso que reuniu até agora.

**ALERTA:** Caras legais são tão capazes de se afastar, de redefinir limites e de se sentir acuados como os homens errados.

Quando meu namorado cara legal e eu começamos a sair, eu não estava convencida de que ele era o homem certo para mim. Ele contava piadas demais, usava suéteres de lã lilás e só comia em restaurantes que ficassem no máximo a cinco quarteirões de seu apartamento. Isso valia três pontos negativos, na minha opinião. Mas amigos caras legais e minha madrinha me incentivaram ("Leve-o para um banho de loja!", "Apresente-o àquele restaurante chiquérrimo!"), e eu passei nosso quinto encontro reparando como esse cara legal tinha um brilho interior. E no decorrer dos anos, ele continuou me impressionando: com o quanto ele se sacrifica por sua família, com o quanto é humilde em relação a seus talentos, com os conselhos que dá aos amigos e – o mais importante – nunca me pressiona para ir mais depressa do que posso. Acredite: todos que nos encontram logo comentam como somos diferentes, com interesses contrastantes e opiniões opostas. Mas os valores que nos mantêm juntos são aqueles em que os caras legais acreditam e que, como uma apaixonada por homens errados em recuperação, eu aprendi a apreciar. "Aprendi", queridas, é a palavra central aqui. E como quando se está aprendendo a ler, é fundamental ter paciência.

*"Quando meu marido viaja a trabalho, ele me envia flores exóticas todos os dias, e, muitas vezes, quando eu viajo, ele as envia para o hotel em que vou me hospedar para que eu as encontre ao chegar."*
Karen, 30 anos

Depois que sua vida amorosa com caras legais estiver em pleno andamento, os homens que valem a pena namorar irão parecer a redenção em pessoa: só estar perto deles faz com que você se sinta querida, reconhecida e absolvida de todos os pecados com homens errados. Eles têm uma queda para aparecer no momento certo para fazer o jantar, enxugar suas lágrimas, levar o cachorro para passear, cantar para você, comprar-lhe presentes... e a lista continua. Às vezes, o agrado é uma surpresa, às vezes você precisa pedir, mas de qualquer modo descobri que as apaixonadas por homens errados: 1) raramente têm medo de fazer pedidos e 2) raramente se desapontam quando os caras legais agem. E o melhor disso não é o resultado delicioso: champanhe e solitários de brilhante são ótimos porém limitados. O melhor é o fato de você se sentir segura o bastante para pedir aquilo que deseja, ter fé que sua necessidade será suprida, e depois pular de alegria quando ela for satisfeita esplendidamente. Seu cara legal parece um cavaleiro com jeans bem passados, e, com certeza, muito disso é relativo. Os homens errados nunca se davam ao trabalho de colocar o outro em primeiro lugar. Com certeza, eles às vezes punham uma capa e se autodenominavam heróis, mas pouco depois da decolagem você se esborrachava em um monte de estrume. Agora é diferente.

## É claro que os caras legais não são perfeitos

Você se lembra quando os iogurtes sem gordura foram lançados e você comeu seis de uma vez em vez da sua porção habitual de um? Afinal, eles não continham gordura, e a gordura é inimiga dos quadris de uma mulher. Contudo, não demorou muito para você descobrir que comer muitos itens sem gordura ainda podia fazer engordar porque os itens sem gordura só funcionam para quem come moderadamente. Do mesmo modo, os caras legais não são perfeitos. Não importa quantas qualidades maravilhosas eles tenham, não podemos esperar que os caras legais tragam todas as respostas para as nossas angústias, e o excesso (tempo gasto, telefonemas dados, rostos beijados) tem o potencial de nos desapontar e acabar com nossas expectativas.

Se você tivesse um talento natural para gerenciar expectativas, não seria uma apaixonada por homens errados em recuperação. Quando namorava homens errados, você jogava fora as expectativas junto com as roupas do ano anterior. As únicas coisas que podia ter certeza com eles era: 1) que a atenção que ele lhe dedicava era surpreendente, enquanto durava; e 2) que eles a decepcionavam constantemente. Mas agora que está saindo com caras legais, sinta-se à vontade para expressar suas necessidades, e tente não parecer surpresa quando elas forem satisfeitas de bom grado. Todavia, de vez em quando, os caras legais são tão capazes de se afastar, de redefinir limites e de se sentir acuados como os homens errados. A diferença é que a consciência deles tem um tempo de virada muito mais curto. Caras legais estouram sem aviso prévio porque são apenas humanos, e é irreal esperar que sejam perfeitos o tempo todo. Mas está tudo bem, porque a atitude deles de "Conte comigo... mas não demais" reforça que eles não são seu capacho, o que é uma qualidade muito atraente em qualquer pessoa, legal ou errada. Eles não querem se sentir obrigados a agir com uma correção irrealista, porque isso abre uma brecha para que você depois reaja excessivamente diante das falhas deles. E os caras legais detestam decepcionar alguém.

**ALERTA:** Revelar-se verdadeiramente para um cara legal é um pouco menos assustador do que ficar só de calcinhas diante dele.

Você já sabe como a história termina, mas quando permiti que um cara legal mergulhasse para um namoro comigo, eu não conseguia acreditar que ele entendesse de fato minha família excêntrica, minhas preocupações com a saúde, meus amigos esquisitos e minha obsessão por sapatos, com empatia e interesse verdadeiros. Em comparação com os homens errados que encontrei que urinavam na pia quando estavam bêbados ou riam das esquisitices da minha mãe em vez de tentar entendê-la, esse homem parecia um anjo caído do céu quando chegamos aos três meses de namoro. Quando atingimos os seis meses de relacionamento, minhas expectativas estavam saindo pelo telhado, e embora eu nunca tenha dito ao meu cara legal os nomes que eu já havia escolhido para os nossos filhos e que já tinha decorado mentalmente nosso apartamento, ele percebia isso em meus olhos castanhos. Uma noite, depois de aperfeiçoarmos alguns movimentos novos extraídos de seu livro *Kama Sutra*, o cara legal cantou uma música que havia composto e brincamos de "Eu te amo!"/"Eu te amo mais!" até quase ficarmos enjoados.

"Você é perfeito", eu disse, com um suspiro de espanto e apreciação.

E aí o encantamento acabou.

Vários minutos de silêncio depois, meu cara legal me pediu que eu não dissesse isso *nunca mais*. Perfeito é uma idealização. Perfeito cria expectativas. Não se diz perfeito sem correr o risco de desilusão.

A princípio, fiquei confusa. Como as imperfeições podiam ser *sexy* nos homens errados e perturbadoras nos caras legais? No entanto, meu namorado conhecia o bastante sobre a minha psique para perceber o que eu não via: que as falhas dos caras legais seriam muito perturbadoras para mim, porque eu não esperava que elas existissem.

Dito isso, continue a confiar em seu homem, mas perceba que o cara legal está fadado a incomodá-la em algum momento com as inconsistências e frustrações dele. Esse é mais um motivo pelo qual você é responsável por construir sua auto-imagem e localizar seu centro, antes de tudo. Poderes Superiores, madrinhas e colegas de escritório pacientes devem ser sistemas de apoio, não coletes salva-vidas.

## BENEFÍCIOS ADICIONAIS DOS CARAS LEGAIS

A última coisa que você precisa fazer é se demorar nas decepções com os caras legais. Desilusões foram o motivo de você se afastar dos homens errados. Embora os caras legais não sejam todos iguais, eles compartilham os seguintes modelos de benefícios adicionais que prometem uma parceria quente e barulhenta. Você está pronta para substituir seus maiores temores por coisas sensacionais? Como uma apaixonada por homens errados, eu sei que há muito pouco de que você goste mais do que reconhecer traços de personalidade que desafiam preconceitos... Que comece o enlevo.

**Temor**: Se você sugerir uma balada "show de bola", ele vai pensar que você quer dizer um clássico entre o Ipatinga e o Ferroviário.
**Algo sensacional**: Ele foi um DJ na faculdade e sabe como ninguém garimpar ótimos discos no sebo.

**Temor**: Ele usa cuecas brancas justas ou do tipo calção, estampadas com camundongos atrás de queijo.
**Algo sensacional**: Ele deixou de usar cuecas quando tinha 13 anos.

**Temor**: Sua postura perfeita, aprendida na escola militar, pressagia habilidades rígidas como amante.
**Algo sensacional**: Sua educação em filmes proibidos para menores indica que ele vai saber assumir o comando, reverenciar seu corpo e encontrar o ponto G como numa operação secreta.

**Temor**: Ele tem os mesmos amigos desde o colegial, o que indica pouca sociabilidade.
**Algo sensacional**: Ele tem os mesmos amigos desde o colegial, o que indica muita lealdade.

**Temor**: Seu computador de mão (PDA) está ligado o tempo todo, pronto para transmitir informações para os amigos tecnológicos dele.
**Algo sensacional**: Você vai deixá-lo ligado o tempo todo, e ele vai ficar morrendo de vontade de receber uma **P**ública **D**emonstração de **A**feto.

**Temor**: Ele dirige um carro ecológico, o que provavelmente quer dizer que seu apartamento tem paredes decoradas com pôsteres do Greenpeace.
**Algo sensacional**: Proteção ao meio ambiente pode ser uma tanga *sexy*. Pelo menos Pierce Brosnan e Leonardo DiCaprio pensam assim.

**Temor**: Ele é estudioso e inteligente, mas não exatamente o melhor dos alunos.
**Algo sensacional**: Quem se importa? Você nunca exigiu histórico escolar!

**Temor**: Os cravos dele são piores que os seus.

**Algo sensacional:** Há muita diversão na cama com uma gaze úmida e dois dedos hábeis. Vamos, admita. Você sabe que gosta de espremer.

**Temor:** Ele coleciona figurinhas dos personagens de *Star Wars*, embora a puberdade já vá longe.
**Algo sensacional:** Se você fizer as contas, serão necessários apenas 3 Luke Skywalkers, 2 Han Solos e 1 Peter Mayhew autografado como Chewbacca para pagar os custos das passagens para as férias em Nice, graças aos garotos do eBay.

**Temor:** Ele vai deixar os amigos e a família mandarem nele.
**Algo sensacional:** Ele apóia os amigos e a família, independentemente das escolhas de cada um.

**Temor:** Ele nunca poderia preparar uma refeição que não tenha macarrão instantâneo.
**Algo sensacional:** Que tal "Cozinheiros Nus"?

**Temor:** Seu doutorado em robótica significa ele passar noites no laboratório.
**Algo sensacional:** Seu doutorado em robótica significa ele passar noites no laboratório programando seu vibrador para lhe trazer café quente de manhã.

## Ei mocinha, você tem algo a explicar

Para completar a transição de errado para legal, você não só precisa ser honesta consigo mesma sobre suas intenções como precisa ser real para qualquer cara legal que conhecer. Como uma apaixonada por homens errados, você poderia se sair bem revelando apenas uma pequena parte de seu círculo de amizades, lado divertido ou vida familiar e justificar o resto como gosto por homens errados ou criar uma nova identidade para si mesma sem ter seu blefe exposto. Pena que os caras legais tenham expectativas mais elevadas a seu respeito e a respeito de seu relacionamento do que seus amigos descuidados. Não estou dizendo que os caras legais queiram saber todos os detalhes, mas eles vão querer ir até o fundo simplesmente porque estão interessados. Acredite ou não, eles são muito mais seletivos do que os homens errados em relação às mulheres com quem compartilham seu tempo. Os caras legais não querem uma conexão insincera quando podem ter uma relação verdadeira; na verdade, nada os afastaria mais depressa, pois eles normalmente nem se arriscam com mulheres que não sejam sinceras.

Se você deixar que os caras legais vejam sua verdadeira alma, eles ficarão seduzidos com "Meu nome é..." Quer sua revelação seja lenta ou rápida, é a mais pura versão de "Vou lhe mostrar a minha, se você me mostrar a sua".

A verdade é que se revelar verdadeiramente para um cara legal, qualquer que seja o ritmo, é um pouco menos assustador do que ficar só de calcinhas diante dele. Mas isso vai parecer ainda menos assustador quando você se lembrar que as intenções de um cara legal são explorar o nível atual antes de passar para o próximo nível de intimidade. (Por exemplo, conheço caras legais que esperam até três meses para fazer sexo pela primeira vez. Uau, eu sei!) De qualquer modo, você acabará tendo de lhe contar sobre suas tendências a se apaixonar por homens errados, porque elas fazem parte de seu passado amoroso e de sua personalidade atual, e que Deus não permita que ele descubra isso pelos seus

*"Sem dizer uma palavra sobre estar frio, meu namorado que mora comigo sempre me traz um cobertor quando estamos vendo TV à noite. Moramos no Sul, e ele faz isso muitas vezes durante o inverno."*

Joana, 29 anos

amigos ou por um encontro acidental com um ex intimidante. Essas duas situações podem terminar muito mal.

Uma dica rápida: só divulgue as informações depois de ter estabelecido semanas de confiança mútua, e de um modo orgânico. Deixar escapar "Um homem, certa vez, bebeu licor de menta no meu umbigo!" depois de ter feito um sexo estonteante com seu cara legal não é um movimento inteligente. Comece com revelações mais gerais e gradativamente vá introduzindo histórias mais específicas, conforme for a reação dele a cada história. Se notar que ele se irritou, não fique na defensiva. É compreensível que seu cara legal precise de um minuto ou dois para se acostumar com o fato de que a mulher maravilhosa que ele adora é a mesma que passava os domingos nua com um homem cujo sobrenome ela nem sabia. Mas não se preocupe, ele vai se acostumar.

O lado ruim é que, por causa de sua condição de apaixonada por homens errados, um cara legal sempre vai ficar pensando que você pode recair no passado, ou, pior, se ele vai dar conta do recado. Essa pode ser uma precaução emocional, sexual ou física. Não fique impaciente com a demora dele nem com todas as perguntas: vocês dois estão percorrendo um território desconhecido. De qualquer modo, sua tarefa é garantir a seu cara legal que você gosta de onde está e de quem está se tornando, o que inclui ficar com ele.

Para acalmar seu medo de ser julgada e o medo dele de ser abandonado, sugiro que se encontrem para tomar um café e conversar sobre as questões que podem surgir em seu futuro, algumas semanas depois de você perceber que ele tem potencial para um relacionamento a longo prazo. Adote um tom gentil e depois dispare: com que freqüência ele espera ver você? Como ele se sente em relação aos outros homens de sua vida? O seu passado o deixa pouco à vontade? Ao se encontrarem em uma cafeteria, vocês não estarão em uma posição fisicamente comprometedora (na cama) nem em uma situação emocionalmente delicada (sentindo raiva ou confusão).

Ouça as questões de cada um nas entrelinhas e faça as perguntas necessárias para chegar a um acordo. Se ele espera que você visite a família dele três vezes por mês e você não visita a sua nem três vezes por ano, coloque as cartas na mesa desde o princípio, e explique por que acha importante construir uma base sólida, sem muita influência dos pais. Sua conversa revelará os mistérios do relacionamento porque será guiada por uma comunicação aberta e honesta. Como o Passo 6 aborda especificamente a interpretação da fala, não vou falar aqui sobre tom de voz ou interpretação de linguagem.

Antes que os cafezinhos esfriem, garanto que vocês terão chegado a uma zona inicial de conforto com os limites, as prioridades e as histórias de cada um. Então, por favor, resista à vontade de lamber o chantili enquanto seu cara legal estiver abrindo o coração. Isso só iria reforçar os preconceitos dele.

CAPÍTULO 7

# DO QUE VOCÊ ACABOU DE ME CHAMAR?

**PASSO 6:** PEÇA HUMILDEMENTE A SEU CARA LEGAL QUE ELE SEJA PACIENTE COM SUAS LIMITAÇÕES. ISSO INCLUI DESENVOLVER UM VOCABULÁRIO NO RELACIONAMENTO COM O QUAL VOCÊ NÃO CONFUNDA "EU TE AMO" COM "PONHA-ME NA FILA DO SEU CADERNINHO DE ENDEREÇOS".

**Você, sua madrinha e seu Poder Superior** uniram-se como uma Trindade Nada Santa para remover as falhas de sua consciência e de sua psique. Embora sua recuperação como apaixonada por homens errados exija revisões regulares e manutenção, você deve se orgulhar de si mesma por desenvolver um vínculo sólido com um cara legal! Depois de se abrir sobre seu passado, peça que ele seja paciente com seus limites e acordos rompidos. O importante em qualquer relacionamento é ser específico ao expressar suas necessidades e entender as dele. E como a comunicação é tudo, o Passo 6 explora expressões de adoração, e como empregá-las como uma profissional equilibrada (sem se sentir reprimida, insegura ou pouco à vontade).

Se acrescentar qualificativos à sua identidade, como "compromisso" ou "namorada", pode ser relaxante para seu amado, como não será então para uma apaixonada por homens errados com problemas de encontros amorosos potenciais? Mas nem sempre é assim. Os homens errados ensinaram-lhe que estar aberta e vulnerável significa caminho fácil para a depressão, por isso você pode ter dificuldade em abaixar a guarda com um cara legal. Coragem! Sua natureza cautelosa é só temporária, e seu cara legal entenderá, mesmo que você só lhe dê uma explicação breve. Ele é bom nisso.

Por outro lado, seu cara legal pode não ter dificuldade em colocar na mesa os pensamentos e sentimentos *dele*. Ele não fará nenhum movimento antes de estar pronto, mas existe 97% de probabilidade de que ele seja autêntico em cada passo do caminho (as estatísticas variam segundo a idade, tamanho da testa e tamanho do pênis). Contra seus instintos usuais, por favor, tente acreditar nas palavras de um rapaz bonzinho, porque ele não tem motivos para ocultar suas intenções. Não deixe que a sinceridade dele a intimide.

É claro que você não deve se esquecer de filtrar os comentários ou provocações de um cara legal, especialmente quando seus gracejos e respostas atuam como notas que reconhecem os pontos fracos um do outro. Ainda bem que situações delicadas levam ao diálogo, o que só vai aproximar vocês. Em comparação com seus ex-namorados, os caras legais têm uma tolerância muito maior para discussões complexas e meio confusas. Mas os caras legais não são santos e, por mais escondidos que estejam, têm potencial para ir dar em becos sem saída depois de horas e horas rebatendo o mesmo assunto.

Percebe uma discórdia se aproximando? Encare a situação e suas necessidades de cabeça erguida, assim que possível. Mas não exagere. Mesmo os caras legais têm limites para discutir a relação. Por exemplo, se você precisa saber ao certo se seu cara legal realmente falou sério quando brincou sobre dormir no meio do sexo, restrinja seu inquérito a duas rodadas de perguntas e respostas. Assegure-se de ir mais fundo na segunda vez, de modo a expandir idéias, sem repeti-las. A última coisa que você quer ouvir um cara legal dizer é: "Achei que já tinha explicado isso..." Diga-lhe exatamente o que ele precisa dizer para que você se acalme, quer seja "Eu te amo" quatro vezes ao dia ou "Minha chefe cheira a desinfetante de banheiro" depois de uma convenção da empresa. Dê a seu cara legal uma fórmula que torne fácil agradá-la, e haverá boas chances de que ele a siga para agradar aos dois. Desse modo, seus objetivos serão os dele.

## UM DICIONÁRIO DE TERMOS DE APAIXONADAS POR HOMENS ERRADOS

Antigamente, quando sua fantasia de Bat Girl era a coisa mais próxima de um conjunto de calcinha e sutiã que você possuía, você provavelmente passava de segunda a quinta estudando para uma chamada oral de ortografia na sexta-feira. Você tinha de saber escrever cada palavra e também entender o significado de uma sentença. Qualquer que tenha sido a sua nota, essas palavras ajudaram coletivamente a definir seu mundo.

Agora imagine o que aconteceria se no auge de seu desenvolvimento colegas autoritárias mas confiáveis lhe dissessem que cada palavra tinha outro significado. Ou que o significado delas poderia mudar, dependendo de quem as usasse. Ou que algumas palavras, na verdade, não significavam nada...

Se isso acontecesse, eu teria de passar mais horas escalando paredes imaginárias em minha fantasia do que me preparando para essas provas. Por que aprender as regras se elas sempre mudam? Do mesmo modo, as apaixonadas por homens errados foram desprogramadas por eles para entenderem a forma correta da semântica do relacionamento, e, em muitos casos, para não usá-la nunca. Todo o processo fez com que você se tornasse uma deficiente em compromissos.

Como não existe uma linguagem de sinais para os deficientes em relacionamentos, você vai precisar ser reapresentada ao vocabulário do relacionamento para poder se envolver plenamente com um cara legal. Você ficará chocada de ver quantas palavras inúteis em seus dias de mulher apaixonada por homens errados vão agora desempenhar um papel importante em sua vida de apaixonada por homens errados em recuperação. Quanto mais você se empenhar em memorizar estes termos, menos irá gaguejar ou se confundir ao pronunciá-los. E, ao colocá-los em prática, eles não irão mais intimidá-la, frustrá-la, confundi-la, assustá-la ou lhe faltar.

**Pousada:** Não se trata mais da velha rotina de apenas uma noite. Agora é a casa confortável de alguém na qual você cochila na cama de outro casal, come bolos feitos ali mesmo e elogia as fotos de família deles. É como ficar na casa de seus avós, se eles fossem desconhecidos.

**Namorado:** Você usa essa palavra para se referir a seu cara legal quando fala com seus amigos e parentes, principalmente quando ele não está por perto, para lembrar a si mesma que não é mais uma namoradeira descompromissada.

**Carícias:** Esqueça a Festa do Amasso Anual. Esse homem gentil e carinhoso, adepto de demonstrações públicas de afeto, é imbatível.

**Compromisso:** Um acordo de não sair com outras pessoas por mais vinho tinto e filé com fritas que estejam envolvidos, celebrado entre dois pombinhos. Verdade, as pessoas fazem isso.

**Comunicação:** Isso o faz voltar querendo mais. Ele quer entender você.

**Pijama:** Uma alternativa aconchegante à pele nua, especialmente durante a TPM. Ele não vai achar você menos *sexy* por causa disso.

**Namorada:** Seu cara legal vai se referir assim a você para seus amigos e parentes, mesmo que você não esteja por perto. Ele não usa esta palavra porque esqueceu seu nome.

**Querida:** Ele vai deixá-la nervosa quando chamá-la assim... até você retribuir.

**Uma coisinha:** Presentes inesperados mostram que você está na mente de um cara legal. Eles irão ficar cada vez mais associados a experiências pessoais – digamos, uma piada sobre a família dele ou uma palavra estampada em uma camiseta – à medida que o relacionamento de vocês for se desenvolvendo.

**Marca da calcinha:** Você vai se permitir às vezes uma marca de calcinha na cintura, porque os caras legais perdoam mais a *lingerie* surrada do que os homens errados, que adoram tangas. Respeite o espaço de todas as grifes de *lingerie*...

**Massas:** Aprenda a amá-las, e danem-se as calorias. No início de seu relacionamento, um cara legal irá se oferecer para cozinhar, e aposto minhas coxas cada vez mais roliças que o menu será uma massa.

**Salário:** Um cara legal acaba com o dele por causa de seu presente de aniversário.

**Bichinho de estimação:** Ele não só vai se oferecer para alimentá-lo quando você estiver fora, mas irá lhe ensinar novos truques!

**Respeito:** Experimente um pouco disso, e a falta de consideração de um homem errado irá se tornar inaceitável.

**Sinceridade:** Uma tática que os caras legais adotam para reasseguрá-la de que você realmente não tem pernas tortas.

**Aconchego:** É uma escolha, não uma obrigação pós-briga, e às vezes, em vez de sexo, pode haver posições de contorcionismo parecidas com uma exibição de circo. Roupas são opcionais.

**Ficar com você:** Como a lealdade é imprescindível, ele fará isto sempre que você quiser.

**Juntos:** Você fica felicíssima quando você e seu cara legal estão assim.

**Volta em U:** Sem reclamar, seu namorado querido irá dirigir por quatro horas até a casa de seus pais, para que você possa pegar roupas mais quentes. Você gosta de caxemira e ele gosta de você gostando de caxemira. Veja como funciona bem.

Depois de ter decorado essas palavras (ou pelo menos copiado), dê a si mesma de trinta a sessenta dias para acreditar de fato que você merece que elas façam parte de sua vida. Como as apaixonadas por homens errados estão acostumadas a atitudes relaxadas e a diálogos sobre compromisso limitado ("Como você é gostosa!" não conta), seus instintos irão duvidar do vocabulário de um cara legal. Em vez disso, acomode-se em um espaço mental sem ego, hesitação ou autopunição e caminhe alegremente para ser uma pessoa e uma namorada melhor. Mesmo que seja em meio a uma pilha de folhas.

**ALERTA:** Falas de casal serão parte de seu novo relacionamento. Se você não é fã, aprenda a gostar.

## Como falar como um casal sem perder a calma

Claro, você já falou coisas pesadas. Mas já falou como um casal? Parece mais assustador do que é, e, se fizer do jeito certo, vai se sentir muito mais próxima de seu cara legal. Quando comecei a falar como um casal, meu pior medo era perder o sangue-frio, tanto no sentido literal quanto no figurado. Na verdade, durante os primeiros meses de relacionamento com um cara legal, meu truque para continuar feliz foi agir como solteira tanto quanto possível (amigos separados, feriados separados). Eu resistia a tudo que me fizesse sentir sufocada, limitada ou claustrofóbica, e as palavras estavam no alto da lista. Ter apelidos e falar em "nós" quase me fazia enjoar. O pensamento de eu começar a falar como criança desencadeava o instinto de colocar uma chupeta na boca como medida preventiva.

Mas aí eu cresci.

Para muitas apaixonadas por homens errados, falar como casal pode bem parecer um idioma estrangeiro. No entanto, mais uma vez, à medida que a ligação com seu cara legal amadurece, você pode ir ficando realmente empolgada com a expansão de seu vocabulário; se for assim, parabéns. De qualquer modo, é natural que o ato de falar como um casal venha a fazer parte de seu novo relacionamento... e se não for muito fã disso, aprenda a gostar. Uma das coisas divertidas sobre namorar homens errados era a sensação de ser alguém especial, escolhida entre as mais poderosas do pedaço para posar como a única. É quase como se você estivesse do lado de dentro, olhando para fora. Bem, traduza essa sensação para a situação em que você se encontra agora. Mulheres solteiras não estão em falta no mercado e, embora todos saibamos que você é um tipo especial, não esqueça que seu cara legal escolheu passar as tardes de domingo com *você* assistindo a reprises de comédias românticas na TV a cabo. Se puder coexistir como uma unidade sem perder sua identidade, então você pode falar como casal e observar como isso vai aproximar vocês. O truque está no modo de definir isso para si mesma.

Para evitar tagarelices sem sentido, vou pegar o caminho da piada para iniciados e da história secreta. Falar como casal significa simplesmente fortalecer seu relacionamento com palavras que ajudem vocês a construir uma linguagem compartilhada. Você não precisa fazer caras e bocas como se fosse Jessica Rabbit para falar sensualmente. Histórias secretas que só vocês dois conheçam irão uni-los, porque representam lembranças, humor e processos de pensamento coletivos. Descubra momentos que os embaraçam, que animam vocês, imitem os amigos, e depois explore tudo isso para dar cor própria a seu relacionamento. Se ficarem dizendo coisas como "querido" e "benzinho" vocês se arriscarão a parecer um casal de meia-idade dos anos 1950. Por que escolher apelidos batidos como "Fofão" ou "Doçura", se vocês podem chamar um ao outro por nomes que realmente signifiquem algo? Apelidei meu cara legal de "Porquinho" porque o apartamento dele pede por uma boa faxina, e minha amiga Alice ganhou o apelido "Coelhinha" porque é assustadiça como um coelho selvagem. É bom se o apelido for inteligente, mas é mais importante que ele se refira a coisas específicas de vocês dois.

*"No nosso aniversário de um ano, meu namorado me levou para o lugar onde nos encontramos pela primeira vez. Ele preparou um jantar à luz de velas bem no lugar em que eu o beijara precisamente 365 dias antes."*
*Luíza, 29 anos*

Usar o ato de falar como um casal em momentos comuns também ajuda a dar um toque novo a coisas familiares. Por exemplo, meu cara legal muito raramente me deixa pagar a conta. Mas um dia convidamos minha amiga Ana para jantar em um restaurante, sem perceber que não aceitavam cartão de crédito. Meu cara legal estava com pouco dinheiro, então adivinhe quem pagou? Eu. E não foi nenhum problema. Mas, uma semana depois, Ana estava passando por um restaurante chinês barato em que nós dois estávamos jantando... e me viu pagando com o cartão de crédito. Agora, cada vez que eu pago alguma coisa, nós dois dizemos "Oi, Ana!", porque esperamos que ela apareça a qualquer momento. A história não diz nada para um estranho, mas tem um significado especial para nós dois.

## O que acontece quando ele é reprovado na chamada oral?

Mesmo o mais adorável dos caras legais vai congelar na hora se você olhar nos olhos dele, quando estiverem saindo há apenas três semanas, e sussurrar: "Quero ser a mãe dos seus filhos". Já falei como os caras legais não estão imunes a querer ir devagar ou a suprimir o instinto de fuga caso o relacionamento fique pesado demais. O lado bom é que eles vão lhe falar sobre o que os intriga – porque quase nunca são almas errantes – e vocês vão chegar a um consenso a respeito de como se sentem. Se seu cara legal não iniciar essa conversa, você a iniciará, porque seu instinto lhe diz que ele não vai fugir do estímulo.

Infelizmente, isso não quer dizer que um cara legal nunca vá se sentir acuado. As palavras podem lançá-lo em uma confusão mental tanto quanto lançariam você. Embora eu nunca apóie colocar os próprios pensamentos em segundo plano, pode ser mais fácil para seu romance em botão se você seguir as pistas de seu cara legal nas situações mais delicadas. Se ele falar em "nós", então siga o tom e o contexto dele. Se ele usar a palavra "amor", então você sabe que pode fazer o mesmo quando se sentir pronta. Isso diminui o risco de você: 1) vê-lo levar um susto, 2) questionar o compromisso dele, 3) agir levada por um instinto de fuga ou luta, e terminar o relacionamento se não gostar da resposta dele. As apaixonadas por homens errados são um grupo sensível graças a anos de relacionamentos empurra-puxa, e a última coisa que você deseja é duvidar de si mesma por causa das diferenças de ritmo de outra pessoa. Se você preferir ser a agressora, gerencie suas expectativas. Ao contrário dos homens errados, que são intensos em um momento e escorregadios em outro, os caras legais querem ter certeza não só de que estão lendo a mesma página que você do *script* da relação, mas de que também estão no mesmo ato, na cena certa e com o figurino apropriado. Incentive os esforços dele com um reforço positivo delicado: um beijinho na testa aqui, uma massagem ali. Seu cara legal trabalha muito para fazê-la se sentir segura, então é justo que você faça o mesmo.

**ALERTA:** Se acrescentar qualificativos à sua identidade, como "compromisso" ou "namorada", pode ser relaxante para seu amado, como não será então para uma apaixonada por homens errados com problemas de encontros amorosos potenciais? Mas nem sempre é assim.

Já que falar como um casal pode ser um desafio, sugiro que você pratique com frases-chave quando estiver em situações de pouca intensidade. A palavra "amor" é a mais difícil; então, sugiro dizê-la muitas vezes com naturalidade, até que os ouvidos de vocês dois estejam condicionados para uma confissão verdadeira.

*Eu AMO este pedaço de pão!*

*Eu AMO banho de espuma!*

*Eu AMO dizer quanto AMO usar a palavra AMOR!*

Algo assim.

## CAPÍTULO 8

# AÇÃO DE EMERGÊNCIA

**PASSO 7: PERDOE-SE SE VOCÊ TIVER UMA RECAÍDA. APLAUDA A SI MESMA SE NÃO TIVER. ESSE É UM PROCESSO, MENINA. UM PROCESSO.**

**Quando o cara legal** liga para dar um beijinho de boa-noite, seu coração se aquece com o som familiar da voz dele. "Não esqueça, docinho! Amanhã vamos visitar aqueles amigos meus recém-casados e seus dois gatos siameses naquele novo condomínio! Há uma loja de ferramentas na esquina! Vamos passar a noite na casa dos meus pais, o que vai deixar toda a família ansiosa por conversar sobre bebês e receitas de bolo de fubá!"

*Claro*, você pensa. *Qualquer coisa pelo meu porquinho...*

Só quando você estiver vivendo um momento de casal expressivamente terno é que as frases de boa-noite do amor de sua vida vão fazer sentido. Seu corpo e sua mente mandam sinais de alarme, por mais que você se apresse a desligar o despertador. Não consegue respirar? Deve ser alergia aos gatos. Dor de cabeça crônica? Provavelmente é TPM. Quando o sobrinho do cara legal grita que a nova namorada não tem peitos, você se amaldiçoa por não ter colocado enchimento em seu sutiã sem costura. Crianças. *Lingerie*. Bolo de fubá. Seu relacionamento parecia tão tranqüilo na noite passada. Por que tudo isso é tão excessivo agora?

Essas são horas de prova para a alma de uma apaixonada por homens errados.

Nesse exato momento, sua primeira reação seria "ficar" com um amigo, sair com um amigo com tendência a cupido e tomar várias doses de tequila em um lugar que costumava freqüentar, só para lembrar a si mesma que você pode. Você não usa aliança. Bem, nem *lingerie*. Talvez você esteja precisando de um reajuste de relacionamento, de elogios de alguém cujos detalhes nem serão lembrados na manhã seguinte. Talvez ele diga a coisa certa, como "Posso beijar sua bunda mais tarde?", o que a fará voltar correndo para os braços abertos de um cara legal que já sabe a resposta. Talvez a recaída por homens errados só faça com que você aprecie mais a suprema adorabilidade de seu novo namorado, simplesmente por os homens errados não serem iguais a seu novo cara legal. Talvez...

Não vá tão depressa, irmã. Na minha opinião, você tem duas opções óbvias aqui. Examine-as antes de tomar uma decisão apressada. Isto é, supondo que você ainda não tenha se trancado no banheiro e ligado para todos os seus admiradores no meio do jantar, em vez de ligar para sua madrinha, que é o que deveria fazer.

## Opção 1: Pensar com seus hormônios

Se seus níveis de estrogênio insistem em um pouco de ação a dois, certamente não posso impedi-la, especialmente se você estiver passando por um momento de pânico puro ou de revolta desenfreada. Só saiba que não importa com quem você decida ficar – um estranho, um ex ou um amigo –, irá sentir náuseas assim que encontrar as duas chamadas perdidas de seu cara legal em seu celular e perceber que as cuecas no chão de seu apartamento pertencem a alguém que usa pomada. Meu conselho? Evite a estranheza da manhã seguinte recusando-se incisivamente a passar a noite com ele. Agende um horário com seu terapeuta e encha a cara de chocolate para fazer confissões tenebrosas enquanto é submetida a uma descarga de serotonina. Pelo menos nas duas semanas seguintes, não se surpreenda se agir de modo carente e ficar agarrada a seu cara legal: você vai precisar sentir a validação do afeto dele para compensar a culpa.

Se você está estropiada de remorsos – e eu ficaria surpresa se não estivesse –, não encha o cara legal de presentes nem caia em uma farra de bombons. Se agir de forma suspeita, ele não vai demorar a perceber que algo aconteceu. Só porque seu cara legal é gentil, isso não significa que ele seja tolo. Mas como você não vai querer arruinar semanas de trabalho, não há sentido em ser apanhada. Aqui estão algumas sugestões de como se livrar da culpa e das manchas de batom em seu lindo rostinho, para que todos possam seguir em frente:

- **Tome um banho quente, faça uma esfoliação e aplique uma máscara facial.** Isso vai acalmar seus nervos e remover os detritos de homem errado do seu corpo.
- **Jogue fora todas as camisinhas.** Você não vai querer que seu cachorrinho encontre uma embaixo da cama e decida brincar com ela. Quem vai tirar isso dele depois? Com certeza, não o seu cara legal.
- **Inclua no máximo duas pessoas na análise do episódio.** Uma dessas pessoas deve ser sua madrinha. Os detalhes apimentados da noite passada não devem ser requentados na *happy hour*. Não importa o quanto o encontro tenha sido bom.
- **Medite sobre o motivo de você ter agido assim.** Como planeja evitar encontros futuros? Enganar um cara legal uma vez é até desculpável. Enganar duas vezes... é o fim. Se alguém tem integridade, é um cara legal.
- **Compre lençóis novos.** Do contrário, você irá voltar mentalmente ao caso todas as vezes em que deitar nos lençóis listrados em que tudo aconteceu. Na pior das hipóteses, você

vai começar a odiar listras. E não há motivo para passar a odiar todas as estampas de roupa de cama.

- **Tome a iniciativa de ter uma noite tranqüila com um cara legal.** Isso será um lembrete de como é a intimidade, de qual é a aparência, a sensação, o cheiro e o som dela. Memorize essa experiência. Vocês vão estar nos braços um do outro em um segundo.

Quero deixar uma coisa bem clara: não estou incentivando você a mostrar uma depilação total para um amante homem errado. Estou dizendo simplesmente que se você precisar mergulhar o dedinho do pé na piscina enlameada masculina para satisfazer um anseio, provar que ainda consegue ou confirmar que está no caminho certo com o cara legal, nenhum programa de passos (por mais fabuloso que seja) conseguirá competir com sua vontade.

**ALERTA:** Sua primeira reação seria "ficar" com um amigo, sair com um amigo com tendência a cupido e tomar várias doses de tequila em um lugar que costumava freqüentar, só para lembrar a si mesma que você pode.

Você também passou anos enganando homens que foram apenas dedicados a uma mulher e é por isso que eu também a encorajo a esperar um pouco mais até se comprometer com um cara legal. O comportamento dele pode parecer tão estranho para uma apaixonada por homens errados que não seria de surpreender que você flertasse com o seu passado ao mesmo tempo que investe em seu futuro amoroso. O que importa de fato é se você já resolveu a questão que a incomodava ao ficar com outro. Se foi assim, então sua escapadinha não foi um desperdício total.

**PRONTA PARA APRONTAR?**

Misturar momentos delicados e homens errados pode ser uma combinação nociva. Você sabe que suas defesas estão fracas quando...

- o cara legal liga para o dono do apartamento para falar de um banheiro quebrado e você acha curiosamente sexy o homem não ligar de volta.
- o cara legal convida você para um churrasco em família e você faz amizade instantânea com a ovelha negra da família e seu pequeno cantil de conhaque.
- o cara legal puxa o fio da sua roupa com uma unha lascada e você mal pode esperar para despi-lo.
- o cara legal cumprimenta um mendigo que fala sozinho e você vai lhe dar conselhos sobre não falar com estranhos.
- o cara legal baixa as suas músicas favoritas dos Smiths, mas esquece de etiquetar o CD. Será que aquelas músicas indecentes estão nesse CD? Você o ataca imediatamente.

## Opção 2: Pense com o coração

Então, o que a impediria de ter uma transa anônima com um cafajeste *sexy* que não reconheceria um sorriso de agradecimento se desse de cara com um? Os caras errados consideram escapadas casuais algo normal em um namoro. Mas, você sabe, bem no fundo do coração, que um cara legal não foi feito para entender ou perdoar facilmente um comportamento sexual errático. Ele é mais estável, gentil e confiável do que tudo isso. Então, chega. Afinal, essas foram algumas das razões pelas quais você se apaixonou por ele, lembra?

Não há dúvida: momentos difíceis como casal podem derrubar seus melhores instintos, como se eles fossem uma carreira de dominós. Mas aqui está a solução: você não precisa amar cada minuto passado no mundo dos caras legais. Precisa, porém, importar-se o bastante com seu cara legal para não recorrer a uma ação de emergência quando estiver se sentindo sufocada, pouco à vontade ou ansiosa. O cara legal nunca a trairá depois de passar um tempinho com sua família detestável. Você deve a ele o mesmo respeito.

*"Meu namorado levanta antes de mim todas as manhãs para ir trabalhar. Antes de sair, ele sempre me deixa um bilhete de amor em um post-it amarelo. Já tenho duas caixas cheias de bilhetes."*
Sabrina, 27 anos

Isso não quer dizer que você não precisará relaxar depois de um intenso fim de semana juntos, pois você vai precisar, e seus sentimentos são totalmente legítimos. Você pode até precisar se lembrar de quem você é e pensar sobre o que gosta de fazer antes de começar a trocar receitas com a mãe de seu cara legal. Espero que seus interesses não tenham se limitado a beijar homens errados depois de beber demais. E se foi assim, bem, pense um pouco mais.

Quer experimentar uma atividade? Não, você não vai ter de escrever nada. Só controle essa cabecinha que não pára de girar e lembre-se de pelo menos cinco coisas divertidas, sedutoras ou tolas de que você gosta e que ajudam a definir quem você é. Lembre-se de coisas que você gosta de fazer sozinha, com amigos ou num encontro. Se visitar sozinha uma galeria ou ir a estréias de filmes com suas amigas é importante e familiar para você, assegure-se de não negligenciar esses planos e essas pessoas ao formar um casal com um cara legal que tenha outros interesses. Você já se perdeu com homens errados antes, e logo se arrependeu. Por que cometer o mesmo erro com um cara legal que nem espera tal coisa de você? Mais uma vez, isso é parte do charme dele...

## ESTA É UMA MENSAGEM DE SUA MADRINHA

Arrebentar a boca do balão pode parecer uma festa até você acordar com uma ressaca daquelas e hematomas misteriosos. Mas se você ligar para sua madrinha em vez de ligar para um cafajeste, não terá de lutar contra impulsos perigosos, porque ela estará lá para ajudá-la. (Isto é, depois que ela confiscar seu telefone; e sem mensagens de texto embaixo da mesa!) O que fazer com seu tempo livre e essa energia ansiosa? Além dos planos óbvios de cinema e jantar, aqui estão algumas alternativas gratificantes que serão tão boas para ela quanto para você.

**PEGUE UM CACHORRO EMPRESTADO**

Se você não tiver seu próprio canino, deixe que o de outra pessoa a lamba dos pés à cabeça. Há algo a ser dito sobre o amor e a atenção incondicionais, ao estilo de um simpático vira-lata.

**CEDA A ALGUM VÍCIO**

Com certeza, os homens errados não são sua única perdição. Fume, beba ou tome um porre de sorvete com sua madrinha. Namorar homens asquerosos não será tão tentador quando outros apetites forem saciados.

**PINTE UMA MÚSICA**

Ouça uma música que reflita sua energia enquanto dá pinceladas de tinta em uma tela. Pinte um auto-retrato, sua madrinha ou seu estado de espírito para registrar visualmente um espaço mental que você não pretende visitar mais.

**DÊ UMA CAMINHADA RÁPIDA**

Uma caminhada rápida queima calorias e aumenta a quantidade de endorfina. Falar sem parar, gesticular como louca e acenar furiosamente com os braços libera frustrações.

**FALE COM UMA CRIANÇA**

Convide uma criança para brincar. A inocência e a necessidade de atenção da criança não a deixarão pensar em sua libido. Você se sentirá ótima na companhia de alguém mais indefesa e menos experimente que você.

**DÊ UMA FESTA *SPA***

Acenda velas, prepare um banho, tome uma taça de vinho e uma chuveirada enquanto conversam em banheiras diferentes na mesma casa (entendeu o espírito da coisa?). Depois, vistam roupões e assistam a um filme, sem passar um minuto sozinha.

**ALERTA:** Só quando você estiver vivendo um momento de casal expressivamente terno é que as frases de boa-noite do amor de sua vida vão fazer sentido.

Por último, planeje realizar três de suas cinco atividades antes do fim da semana. Prometo que essa renovação rápida e compacta fará maravilhas. O mesmo acontecerá se você tomar um bom champanhe, dançar com saltos muito altos e fizer amor com seu cara legal em uma sala à meia-luz. O importante é que seu modo de ser jovem, intenso e independente não deve deixar de existir quando você formar um casal. Gerenciar seu relacionamento com um cara legal é apenas uma questão de respirar profundamente, ajustar as expectativas e criar uma estratégia de saída educada da próxima vez que você se perceber em uma situação delicada. E lembre-se de usar um bom sutiã.

CAPÍTULO 9

# USE SUA CONSCIÊNCIA CULPADA

**PASSO 8:** FAÇA UMA RELAÇÃO DOS HOMENS E MULHERES QUE VOCÊ MAGOOU QUANDO ERA APAIXONADA POR HOMENS ERRADOS E PREPARE-SE MENTALMENTE PARA LIDAR COM CADA UMA DAS PESSOAS DESSA LISTA, DA PRIMEIRA À ÚLTIMA.

**Você não é um anjo.** Mas quando reconhecer que prejudicou algumas pessoas quando era uma apaixonada por homens errados, terá evoluído em sua jornada para se livrar daquele seu lado demoníaco que virava todas as cabeças erradas. Para fazer isso, você precisa se dispor a exaurir sua energia mental e habilidades de escrita em nome da recuperação e da paz de espírito.

Reserve boa parte do fim de semana para este exercício. Embora você não precise abandonar a *happy hour* nem deixar de ler o jornal de domingo, é preciso permitir que esse tópico venha à tona, acalme-se e venha à tona de novo, por pelo menos 72 horas antes de passar ao próximo passo proativo.

## Tudo parece melhor no papel?

Durante o fim de semana, reflita sobre as pessoas que você pode ter prejudicado quando era uma apaixonada por homens errados. Esses rostos podem incluir caras legais dispensados, amigas, irmãs, pais, vizinhos e até cachorrinhos. Lembra-se de quando você espalhou boatos de que a nova namorada de um ex homem errado tinha sífilis? Ela entra na lista. E daquela vez que você chutou as mudas recém-plantadas de um vizinho porque seu não-namorado cancelou o jantar na última hora? O vizinho também entra na lista. Comece com as pessoas mais próximas cuja vida você pode ter afetado diretamente (parentes e amigos), passe para as menos próximas (os parentes e amigos das primeiras) e conclua com os circunstanciais (espectadores inocentes, como garçonetes e *poodles*).

A seguir, acomode-se em sua poltrona favorita e acenda uma luz tênue, para seus olhos não doerem. Em uma folha de papel, escreva todos os nomes das pessoas que você magoou, recorrendo o tempo todo a estímulos que a ajudem a se lembrar de sobrenomes e fatos passados. Quem sabe? Vendedoras de balcões de perfume, editoriais sobre política internacional ou convidados da festa de aniversário de seu chefe podem provocar lembranças espontâneas. Guarde a lista na bolsa e leve-a com você para todo lugar. Assim, em termos práticos, o papel estará disponível para acréscimos de última hora; e em termos metafóricos, os nomes estarão com você o tempo todo e pesarão em sua consciência como um teste de gravidez de farmácia.

**ALERTA:** Cada nome, número e lembrança irão, sem dúvida, provocar uma inundação de sentimentos que vão despedaçar seu coração, sua mente e sua alma.

Por fim, coloque suas vítimas de apaixonada por homens errados em ordem prejudicial decrescente, daquelas cujas vidas você

## LEMBRE-SE DISTO

Infelizmente, as apaixonadas por homens errados não prejudicam só a si mesmas. Outras pessoas podem vir a ser magoadas por seu comportamento, e aquelas que se ligam mais inesperadamente a seu passado são, muitas vezes, as que não podem se livrar do efeito que você teve sobre elas ou sobre alguém de quem gostam. Você sabe que sua mãe, uma grande amiga ou a namorada de um ex são as mais receptivas a aceitar desculpas. Mas e aquela vez que você deixou um homem errado insultar seu pai ou atormentar a moça da lavanderia? Ou aquela vez que você brigou com um policial por causa de um homem errado? A seguir, alguns exemplos de pessoas que podem ter sido afetadas e que poderiam facilmente ser esquecidas na montagem de sua lista de perdão.

**FAXINEIRA**

Ela obrigou você a se arrastar para fora da cama depois de um rompimento horrível, pelo menos para poder trocar os lençóis.

**AQUELE GAROTO COM UM BALÃO AZUL**

Não importa o quanto seja gostoso ouvir o "pop": estourar um brinquedo que pertence a um garoto desconhecido é sempre errado. Ainda mais no aniversário dele.

**SENHORIO**

Há um limite para o número de quadros que se pode pendurar na parede para tapar todos os buracos que você fez.

**MANICURE**
Ela era mestra em polir unhas roídas até o limite depois de fins de semana repletos de preocupações. Você devia ter vergonha por não ter dado a ela nem uma lembrancinha no Natal.

**MÃE DA NOVA NAMORADA**
Um trote por telefone é uma coisa. Mas você precisava comparar os cabelos ondulados da filha dela com as serpentes emaranhadas que adornavam a cabeça da Medusa?

**RUA PERTO DE CASA**
Bloquear todo um quarteirão com as coisas que seu homem errado deixou para trás é ilegal, você sabe.

atropelou para aquelas em que mal esbarrou. Folheie agendas antigas e guias telefônicos para descobrir os telefones delas, e os anote ao lado dos nomes. De modo resumido, anote como seus atos de apaixonada por homens errados afetaram potencialmente cada pessoa e o que você diria a ela se tivesse cinco minutos para se explicar. Devem ser pensamentos sobre perdão e simpatia.

## É melhor fazer um bom estoque de cadernos

Sua lista de vítimas não deve conter o nome de nenhum ex-namorado homem errado que você suspeite estar sofrendo, com a alma despedaçada, por causa da sua inteligência em terminar tudo. Por que tanta frieza? Porque os homens errados têm um jeito especial para fazer com que as apaixonadas por homens errados acreditem que são responsáveis pelas viradas negativas em seu estilo de vida deprimido, angustiado e bandido. Eles nunca as culpam diretamente, mas duvido que você tenha saído de uma relação tempestuosa sem culpas implícitas, especialmente porque poucos homens errados assumem a responsabilidade por seus atos sujos.

Os caras legais sabem que as ações acarretam conseqüências e que essas conseqüências estão ligadas a pessoas com sentimentos. Como uma apaixonada por homens errados em recuperação, você também sabe disso. Então que tipo de lista você deve fazer com todos os homens errados que você (admita!) amou no passado?

**ALERTA:** As apaixonadas por homens errados não prejudicam só a si mesmas. Outras pessoas podem vir a ser magoadas por seu comportamento, e aquelas que se ligam mais inesperadamente a seu passado são, muitas vezes, as que não podem se livrar do efeito que você teve sobre elas ou sobre alguém de quem gostam.

Embora você possa se sentir tentada a catalogar todos os corações que machucaram o seu e usar as folhas para limpar a sujeira de seu cão, isso só irá alimentar sua raiva e tristeza, sem deixar espaço para gestos calorosos e amorosos para os que o merecem. Em vez disso, escreva o nome dos homens que a perturbaram e perdoe-os mentalmente pela confusão e angústia que lhe causaram. Se você se sentir nostálgica, experimente fazer isso em postura de meditação enquanto ouve Enya no seu MP3. Mais raiva do que melancolia? Rock melancólico, uma garrafa de vodca e uma caixa de lenços de papel podem ser seus melhores companheiros.

*"No ensino médio, eu tinha um namorado que morava a 30 minutos da minha casa. No verão, quando eu chegava do trabalho, encontrava um copo de suco gelado e um pedaço de bolo na soleira da porta. Ele costumava dirigir até lá só para levar isso para mim."*
Aline, 25 anos

De qualquer modo, arraste-se pela ladeira da memória sozinha e demore-se nos momentos desconfortáveis e muitas vezes piegas. Algumas das experiências mais importantes da vida podem ser muito dolorosas. E às vezes você precisa parar ali antes de poder seguir adiante.

Outro motivo para ficar longe de seus ex: esse não é momento de buscar explicações, recompensas ou perdão. Eles foram em frente logo que você saiu da vida deles, e, embora tenham pisoteado todo o seu ser, isso decerto não significa que você também deixou sua marca neles. Ligar-se novamente a homens errados só irá fazer com que você pareça patética ou ansiosa para retomar o contato, e nada disso é positivo, nem verdadeiro.

Você precisa perdoar o mau comportamento deles para o seu bem, não pelo deles; porém, nunca lhes dê o gostinho de saber que você fez isso. Esqueça o ditado: "Odeie o pecado, mas ame o pecador". Os homens errados não valem uma válvula do seu coração que, quando vocês estavam juntos, batia ao ritmo de "Que droga. Que droga. Que droga".

A recuperação de apaixonada por homens errados exige que você se confronte com todos os seus demônios mas só lute com aqueles que merecem sua energia.

## Escrever não custa nada e Papai Noel pode trazer um presente...

Fazer uma lista para organizar seus pensamentos e sentimentos tem a ver tanto com o lado prático como com catarse. O processo de, no papel, pensar, registrar, editar e depois reconsiderar seus atos irá liberar seu cérebro para que ele se concentre em manter os outros elementos da recuperação que abordamos nos capítulos anteriores. Você também terá mais espaço mental para se dedicar a seu bem-estar pessoal. (Lembra-se das pequenas alegrias e dos benefícios daquelas caminhadas à tarde, da acupuntura chinesa e dos papos-furados em interurbanos? Não os abandone simplesmente porque está em um passeio guiado.) Ao colocar a caneta no papel, você irá, sem exagero, liberar anos de tensão de apaixonada por homens errados que lhe trouxeram frustrações, remorsos e ressentimentos, sem mencionar o punhado de amigas exaustas com tanto drama.

Cada nome, número e lembrança irá sem dúvida alguma evocar uma inundação de sentimentos que vão despedaçar seu coração, mente e alma antes que seu caderno acolha todos eles para sempre. É natural que você chore, ria, estremeça de reconhecimento ou solte um grito de surpresa ao registrar cada um deles. Compartilhe essas emoções com sua madrinha, com uma amiga de confiança, com seu Poder Superior ou até mesmo com seu diário. Você já passou anos atrapalhando sua felicidade; não volte a isso afundando-se em uma areia movediça emocional. É hora de olhar adiante, para um futuro mais livre.

A energia que você gastou apenas contendo a culpa acumulada por ter agido mal com quem não merecia poderia facilmente iluminar um pequeno iate, com *deck* na cobertura para banhos de sol. Na verdade, eu não me surpreenderia se seu desconforto emocional tivesse se manifestado durante anos sob a forma de dores nas costas, distúrbios intestinais, náusea, depressão ou fadiga. O estresse afeta seu sistema imunológico, e algo deve ser dito a favor da conexão mente, corpo e espírito saudáveis. Sempre percebi que quando minha cabeça e meu corpo não estão em uma alegre sinfonia, não demora muito para eu perder a voz ou pegar um vírus inexplicável (claro, eu tomo vitaminas, alimento-me bem e faço exercícios com regularidade). Se sua mente é capaz de armazenar estresse e ela faz parte de seu corpo... Tenho todos os motivos do mundo para acreditar que culpa, angústia, censura e outros mucos emocionais de sua vida irão acabar se acomodando de um modo fisicamente incômodo. Você já tem o suficiente com que se preocupar em sua jornada de recuperação de apaixonada por homens errados. Não há necessidade de lutar também contra olheiras ou cabelos grisalhos.

### ESTA É A ÚNICA VEZ EM QUE VOU DESCULPAR SENTIMENTOS CONTIDOS

Não me entenda mal: sou uma grande fã de liberar as emoções. Mas como telefonar para um homem errado para explicar como você se sente só irá provocar frustrações, arrependimentos ou baladas noturnas impulsivas – que poderiam fazê-la regredir alguns capítulos no processo dos 12 Passos –, eu seria uma conselheira relapsa se não sugerisse algumas opções do que fazer com a lista de homens errados. Em vez de queimar, rasgar ou jogar na privada seu inventário de homens errados, esvazie um contêiner ou três de seu lubrificante social favorito (garrafas de vinho tinto funcionam tão bem quanto latas de refrigerante *diet*) com duas boas amigas. Beba até o fim enquanto arrasam com as lembranças de homens errados. Quando a garrafa estiver vazia, coloque sua lista dentro dela e jogue-a ritualisticamente no corpo de água mais próximo, quer seja o oceano Atlântico ou o laguinho decorativo da praça ao lado. Seu Poder Superior garantirá que a lista tenha um fim adequado. Talvez a lista vá bater na prancha de uma surfista e a alerte sobre o homem que ela namora no momento, ou talvez o recipiente de vidro fique preso entre duas grandes pedras e se quebre sob o peso do destino. De qualquer modo, você agora se livrou desses homens para todo o sempre! Você os enviou de volta ao desconhecido para que tenham o destino que lhes cabe.

Falando de modo sensato, compor uma lista daqueles com quem você gostaria de se desculpar é também um meio prático de se manter responsável para o próximo passo do programa. Se um dia você já fez uma lista de compras para uma receita especial ou uma relação com todas as pequenas coisas a fazer, tenho certeza de que sabe muito bem como é útil organizar pensamentos dispersos em realidades tangíveis. Depois de ter comprado o leite para a sua receita ou, no nosso caso, ligado para a pessoa com quem quer se retratar, há uma grande satisfação que vem de riscar um item de sua lista de coisas a fazer. A produtividade irá incentivá-la a ir em frente para o próximo sucesso.

Neste capítulo, você deu início ao processo de pedir desculpas por meio da preparação e da visualização. Na próxima seção, você irá colocar tudo isso em prática. Definir um pensamento, escrever seu objetivo, gerenciar o problema e depois dominar o desafio – em uma seqüência planejada – só poderá trazer uma sensação de dever cumprido. O procedimento está relacionado tanto com satisfação quanto com alívio.

CAPÍTULO 10

# Saia e toque em alguém (Com o coração, não com as mãos)

**Passo 9:** Peça desculpas sinceras àqueles a quem você magoou como uma apaixonada por homens errados, a não ser que isso possa magoá-los, a outras pessoas, ou infringir alguma ordem judicial que a proíba de aproximação.

**Você pensou mesmo** que eu pediria a você que fizesse uma lista útil de vidas atropeladas sem incentivá-la depois a fazer algo com ela? Bobinha! Você vai usar esse registro para redimir seus erros para o bem da psique dos outros e, igualmente importante, para o bem da sua.

Homens errados exigentes costumavam insistir que você colocasse as necessidades deles em primeiro lugar, quando a verdade é que você deve sempre se concentrar no que é preciso fazer para investir em você e na sua felicidade. Mesmo quando estiver corrigindo os erros que cometeu com outras pessoas, você irá colher benefícios indiretos, porque fazer a coisa certa para os outros traz uma sensação boa, especialmente quando eles expressam apreciação. Além do mais, você vai fazer isso ao telefone, o que significa que pode manter as aparências, caso seja necessário.

O exercício que você está prestes a começar é também uma prática fabulosa para seus futuros encontros com caras legais e para seu crescimento pessoal. É uma lição sobre reconhecer erros, pedir desculpas, aceitar que alguns erros não são perdoáveis e aprender com aqueles que são. Todas essas ações exigem objetivos sinceros e comunicação aberta, dois aspectos essenciais em qualquer relacionamento com um cara legal. Então considere que este exercício está relacionado tanto com seu passado como com seu futuro.

## Consertando as coisas: contato, conexão, colisão

Existe uma diferença entre simplesmente contatar as pessoas de sua lista e realmente se conectar com elas. Obviamente, a segunda tem um impacto maior no modo como você afeta a vida dos outros e em quanto tempo e coração irá devotar a cada pedido de desculpas. Conexões devem ser buscadas de modo *seletivo*, quando você contatar as vítimas que fez como uma apaixonada por homens errados. Não desperdice energia de conexão pedindo desculpas a frentistas que trocaram cheques para você em troca de flertes e elogios; se você se sentir obrigada a pedir desculpas a algum deles, essa reparação deve entrar na categoria de contato. Eu limitaria suas desculpas de conexão a seis pessoas e as desculpas de contato a quatro, para evitar uma sobrecarga emocional. Realize este exercício num período de duas semanas, de modo que suas palavras não soem como um disco riscado de auto-ajuda; e se estiver embalada, estabeleça um limite de duas desculpas por dia. A repetição entediante de suas desculpas irá afetar quem as ouvir, especialmente se seu tom de voz se tornar robotizado ou desligado. Além do mais, você não precisa lembrar *a si mesma* de hora em hora como o fato de ser apaixonada por homens errados entristeceu os outros. Seu objetivo é se sentir revigorada ao terminar cada telefonema, e não esgotada nem insegura.

Por esse motivo, você irá fazer contatos e conexões, e evitar deliberadamente colisões. Colisões são as catástrofes pessoais para as quais você serviu como um catalisador, situações que levaram as vítimas a terapia, fizeram com que elas evitassem os vizinhos com medo de um confronto ou ficassem se embalando em silêncio num canto da sala, sem conseguir digerir alimentos sólidos. Para usar a metáfora de um carro, colisões podem ser choques frontais entre você e outra pessoa. Eu causei alguns engavetamentos que afetaram diretamente uma pessoa, essa pessoa perturbou outra, que, por sua vez, descontou em um completo estranho... e assim por diante.

*"Sem que eu precise pedir, meu marido faz dezenas de pequenas coisas todos os dias para que nossa vida flua mais suavemente. Enquanto digo isto, eu o ouço esvaziar a lava-louças e começar a fazer o jantar. Ele também está cuidando de nosso filho, ao mesmo tempo."*

Andréia, 27 anos

A pior de todas as colisões aconteceu quando uma amiga me apresentou ao melhor amigo do namorado dela, que, por sinal, era um homem errado. Ele também estava namorando outra garota, enquanto eu transava de vez em quando com outro homem. A situação confusa chegou a um fim desastroso quando nossa amiga ouviu um boato sobre nossos encontros e colocou um fim ao caos. Isso arrasou a auto-estima, perda de amizades, telefonemas bloqueados, desculpas lacrimosas e detalhes demais para serem passados a limpo. Como você pode imaginar, tentar contatar todos os envolvidos nessa colisão teria sido quase impossível, além de levar um tempo enorme. Sabendo o que me aguardava, passei duas semanas simplesmente tentando falar ao telefone com cada uma das pessoas, e falhei vergonhosamente porque ninguém queria atender meus telefonemas.

Há também o fato de que, quando você estiver pronta para fazer as reparações, é bem provável que as vítimas das colisões realmente extremas e destrutivas já tenham agido para consertar seus arranhões emocionais. Não é preciso esfregar sal marinho na ferida aberta. Além disso, sempre existe a possibilidade de uma tentativa de desculpas soar como auto-indulgência, o que de certa forma, é. Nosso objetivo é que você supere seus hábitos de apaixonada por homens errados, e o pedido de desculpas pretende trazer um momento de "ah!" à medida que cada pessoa ouça seu pedido e admire sua coragem em ter ligado. Além de elogios, você deve estar preparada para que elas lhe digam como você foi horrível no passado e por quê. Você nunca deu a suas vítimas espaço para falarem e agora que vai dar seria irreal pensar que elas vão ser educadas e que tudo seguirá em frente. Elas têm tanta confusão dentro de si quanto você, mas essa situação ajudará vocês a passarem a limpo as diferenças e a encontrarem um espaço conjunto melhor.

Isso me lembra de uma coisa: nem todas as desculpas sinceras irão reavivar amizades e trazer cestas de frutas como presente. Alguns esforços de contato e de conexão podem levar a impasses ou a discursos vingativos, seguidos de obscenidades, palavrões e ameaças de morte. Se isso acontecer, não leve para o lado pessoal; simplesmente ligue para o próximo nome da lista. Substitua a pessoa irada por outra de seu passado e cruze os dedos para ter mais sorte dessa vez. Se ouvir frustração na voz das pessoas, não interprete como crítica, mas como um modo de a pessoa expressar algo que precisava (você a deixou com um fardo que ela pode agora querer largar na sua porta). Se sua vítima atacá-la ou disser palavrões, não revide. De certa forma, você está lhe dando de presente remorso e sinceridade; depois disso, cabe à pessoa presenteada escolher se quer guardar a fita do embrulho ou usá-la como chibata.

## É o que você diz e como você diz

Ao colocar sentimentos para fora como se fosse uma operadora da Bolsa de Valores, você não consegue transmitir de modo concreto como se sente, para que isso ressoe em quem a ouve e reverta em gratificação emocional também para você. Mas existem algumas regras básicas que devem ser seguidas.

Enquanto disca os números, lembre-se de que a pessoa do outro lado da linha: 1) não espera seu telefonema e 2) não faz idéia de quanto você cresceu desde a época em que era uma oportunista apaixonada por homens errados. Anote dois pontos específicos que deseja dizer e uma piadinha, para o caso de ter um branco total. Deixe para lá o choque ou a incredulidade na voz da pessoa e explique imediatamente por que está ligando. Seja específica. Peça desculpas pelas ocasiões em que agiu como uma apaixonada por homens errados e garanta que não está ligando para pedir alguma coisa, mas apenas porque gostaria de dizer que sente muito pelo que causou à vida dela.

**ALERTA:** Nem todas as desculpas sinceras irão reavivar amizades e trazer cestas de frutas como presente. Alguns esforços de contato e de conexão podem levar a impasses ou a discursos vingativos, seguidos de obscenidades, palavrões e ameaças de morte.

Seu objetivo com este exercício não é fazer novos amigos, embora isso possa ocorrer eventualmente. Em alguns casos, você poderá retomar relacionamentos e em outros simplesmente irá se desculpar. Cumprimente a pessoa e agradeça: pelo que ela significou para você no passado e pelo que pensa de você agora, mesmo que pense que você é uma grande e gorda fracassada. Ensaie frases como "Sinto ter ferido você, mas estou trabalhando duro para deixar de lamber calda de chocolate no corpo do namorado de outra pessoa, agora que estou em recuperação" ou "Sempre admirei sua honestidade, mesmo que a tenha usado contra você enquanto eu era uma apaixonada por homens errados"; diga que se importa e que está fazendo um esforço bem-intencionado para mudar de comportamento. Se falar de modo sincero, então nada do que disser será errado, porque é isso que você sente. Também é bom que a conversa seja curta, porque pode ser difícil fechar a boca quando começarem a tagarelar sobre os comos, os porquês e os ondes de uma desculpa. Não se meta em uma situação mais confusa do que a que já existia.

Tão importante quanto o que você diz durante seu monólogo é o modo como diz. Especialmente porque vai fazer reparações ao telefone (nada de *e-mails* covardes nem encontros pessoais corajosos), seu tom de voz vai expressar sua linguagem corporal e sua expressão facial. Parecer agitada ou calma demais irá enviar uma mensagem de que você é uma pessoa de extremos, o que, de fato, você é, mas esse não é o momento de manifestar isso. Mantenha a voz estável, mas não monótona; fale algumas oitavas acima de um sussurro, para expressar remorsos sem evocar dó. Não ofegue, choramingue nem suspire. Não permita grandes pausas e, se houver um silêncio incômodo, evite respirar pesadamente como se fosse asmática. Não interrompa quando a outra pessoa estiver falando, e isso inclui mascar chiclete, tossir ou espirrar. Ouvintes ativos não se entregam a funções corporais.

Com uma caixa de lenços de papel à direita e um lubrificante vocal à esquerda (eu prefiro leite de soja), mergulhe em um remorso catártico depois de desligar o telefone. Há muito tempo para drama quando você não está tentando ser a personificação da compostura para pessoas que a consideram um caos.

*"Sou inglesa e perdi a tradicional Noite das Fogueiras em 5 de novembro. Pois meu garoto bonzinho veio a meu apartamento com uma grande frigideira, alguns gravetos e galhos quebrados. Ele os levou para minha sacada e fez uma pequena fogueira para mim. Genial!"*
Sara, 32 anos

**ALERTA:** Você se sentirá tentada a compartilhar o resultado dessas conversas com a sua turma, o que poderá levá-la a subestimar a situação ou a distorcer a experiência em nome de uma boa história.

## Compostura é como ioga para a sua consciência

Ao confessar seus erros, é importante manter a compostura, de modo a se concentrar, respirar corretamente e evitar dores nas costas por se curvar sobre o telefone.

Antes de cada telefonema, lembre-se de alinhar a postura e de se pôr em uma posição confortável e adequada enquanto dispara seu discurso para alguém que pensa que você é uma bandida emocional sem valor. Se essa dica não trouxer alívio suficiente, experimente estas outras sugestões:

- Ouça várias vezes uma música reconfortante para acalmar seus nervos à flor da pele. Por motivos óbvios, "What a wonderful world" (Que mundo maravilhoso) com Louis Armstrong funciona melhor do que "Easy to be stupid" (É fácil ser idiota) com Howlin' Maggie.
- Acomode-se em uma poltrona estofada que a cerque de uma macia hospitalidade, ou permita um mergulho autodepreciativo se o telefonema foi difícil.
- Acenda uma vela perfumada, se conseguir resistir a brincar com cera de vela durante o telefonema. Concentração! Concentração! Concentração!
- Abra o botão de seu jeans e feche os olhos. Inspire contando até três e segure a respiração enquanto imagina uma tela vazia em que nenhuma crítica inibe pensamentos ou ações. Expire contando até três e sorria.

## Solte-se e chame as amigas...

Agora seria um ótimo momento para você estar com suas amigas mais íntimas, calorosas, compreensivas e divertidas. Durante essas duas semanas, você vai ouvir sobre um passado que gostaria de esquecer, e ouvirá que suas ações doeram mais do que uma cotovelada nos seios em período pré-menstrual. É um grande fardo para qualquer pessoa, ainda mais para uma apaixonada por homens errados em recuperação. Para equilibrar o impacto do exercício de reparação com amor incondicional, encontre algum tempo para ficar com amigas que se importem com você, em seus melhores e piores momentos. A menos que realmente precise de uma madrinha adorável a tiracolo, sugiro que a deixe em paz e lembre-se de que ser uma apaixonada é apenas parte de quem você é, e não toda a sua identidade.

Qual é a idéia? Permita-se quatro saídas nos dois fins de semana do período de reparações e desculpas, mas não as associe com telefonemas de desculpas emocionalmente cansativos. Você se sentirá tentada a compartilhar o resultado dessas conversas com a sua turma, o que poderia levá-la a subestimar a situação ou a distorcer a experiência em nome de uma boa história. Em vez disso, passe algum tempo sozinha depois de cada telefonema, processando a experiência e aprendendo com ela.

Por fim, guarde as experiências fáceis para os dias ruins e pense nelas como recompensas por seu crescimento pessoal, e não como uma fuga fácil da responsabilidade ou da realidade. Eu não deveria dizer isto, mas exagere na segurança: significa não se permitir exageros com as amigas, por mais tentador que seja. Algumas horas com elas não é um passe livre para arrebentar a boca do balão; é uma oportunidade para celebrar sua bela evolução. Aqui estão algumas sugestões para aproveitá-las ao máximo:

- **É comum hotéis de luxo oferecerem chá da tarde e belos *spas*.** Agende uma massagem com pedras quentes para si mesma e chame duas amigas para fazerem seus tratamentos prediletos. Depois que todas estiverem relaxadas, rejuvenescidas e massageadas com óleo de lavanda, levitem até o salão de chá para tomar champanhe e comer docinhos!
- **Solte a mente... e a de suas amigas também.** Marque um horário com um hipnotizador respeitado de sua cidade,

mas primeiro faça uma boa pesquisa para encontrar um profissional capaz e de boa reputação. Depois de colocá-la em transe, o hipnotizador poderá incentivar seu subconsciente a ajudá-la a parar de fumar, a fazer mudanças em sua carreira, a melhorar a dinâmica da família, a exercitar-se mais, ou até mesmo a perseverar em programas de recuperação. Não acredita na técnica? Pergunte ao hipnotizador se você pode ficar na sala enquanto ele hipnotiza cada uma de suas amigas. Você se convencerá na hora. Mas nada de risadinhas...

- **Alugue bicicletas com outras iniciantes em pedaladas e explore uma cidade vizinha em duas rodas!** O exercício será revigorante e você irá se divertir (consigo mesma ou com as outras) quando se vir obrigada a empurrar a bicicleta ladeira acima. Compre cestas de vime para suas amigas, encha com flores naturais e prenda em cada bicicleta. Dê flores para as menininhas de vestidos bonitos que encontrar no meio do caminho.
- **Pegue uma estrada.** Comece cedo, cante ao som de um CD, pare para um piquenique na hora do almoço, e dirija até chegar a um lugar interessante e desconhecido. Só não planeje seu destino! Os melhores antiquários, as melhores barraquinhas de sorvete, os melhores cinemas e as melhores lojas de cidade pequena são, com freqüência, achados por acidente.
- **Marque uma festa de leitura.** Convide amantes da leitura para irem a sua casa com seus livros favoritos, acenda velas e forneça muitos salgadinhos, vinho e cobertores como acompanhamento (se for inverno, é claro). Leiam suas passagens favoritas em voz alta, ou tenham uma noite tranqüila e silenciosa. Aconchegar-se com um bom livro e com bons amigos é o equilíbrio perfeito entre estar sozinha e estar com amigas. Ficarem para passar a noite é opcional.

# CAPÍTULO 11

# DA SUA BOCA PARA OS OUVIDOS DE TODO MUNDO

**PASSO 10:** CONTINUE A USAR SUA CONSCIÊNCIA DE APAIXONADA, E, QUANDO FIZER BOBAGEM, ADMITA NA HORA.

**Embora você possa sentir** que fez mais estoque do que o almoxarife de um hipermercado, as apaixonadas por homens errados em recuperação precisam continuar a avaliar seu comportamento porque podem recair em um território impossível de gerenciar. Você já passou por muita coisa ao reconhecer suas falhas e seguir adiante. E depois de arregaçar suas mangas de grife, por que não dar atenção à manutenção?

Você não iria gastar um dinheirão no seu novo edredom para depois deixar que crianças pequenas e levadas de tênis sujo e velho acabassem com ele. Uma vida amorosa saudável é mais importante do que roupa de cama cara; então, trate-a com o respeito e o cuidado que ela merece.

Quanto mais autoconsciente você se tornar, mais fácil será reconhecer suas fraquezas, o que tornará mais fácil vencê-las e por fim tirá-las de sua psique de uma vez por todas. Nos dias mais complicados, não posso pensar em algo mais difícil de resistir do que a um homem errado indomável, exceto, talvez, a um homem errado indomável com uma caixa de chocolates suíços na mão. Embora sua madrinha deva continuar a manter registros e receber atualizações sobre seus progressos, é responsabilidade da própria apaixonada por homens errados discernir entre homens viáveis e inaproveitáveis. Anos depois de você haver superado sua fase de homens errados e de este guia confiável estar cheio de poeira e de impressões digitais, você ainda vai se ver diante de situações precárias que irão exigir decisões conscientes, e a pacificação de seus instintos naturalmente agitados.

Nesse ponto, a melhor coisa a fazer é simplesmente admitir quando for fraca, quando estiver errada e quando agir de modo instável... e confessá-lo a alguém de confiança. Mais uma vez: sua madrinha, seu Poder Superior, sua terapeuta ou o próprio reflexo no espelho dará um jeito. Reconhecer suas fraquezas pode ser a melhor prova de sucesso, mais ainda do que você ter resistido às tentações. O processo de dizer "Eu fui um desastre mesmo" e saber o que isso significa prova, muitas vezes, que você reconheceu e avaliou seus pensamentos ou atos de apaixonada por homens errados, o que é bem mais do que você podia dizer quando começou este processo.

## *Check-ins* que não exigem uma segunda chave

Fazer um *check-in* de sua consciência de apaixonada por homens errados é analisar pessoalmente o próprio progresso. Isso inclui avaliar o quanto já se livrou de sua pele de apaixonada, avaliar se seus relacionamentos com caras legais são satisfatórios, avaliar o modo como a recuperação mudou sua vida social, e qualquer outra noção de apaixonada por homens errados que faça parte de sua identidade. Houve época em que você costumava ficar ansiosa por viagens a outras cidades que deixavam um marca indelével depois, quando as palavras "*check in*" queriam dizer você se fingir de esposa de um homem errado em um hotelzinho caro com uma chave extra para o frigobar.

Mas esse privilégio também trazia uma suspeita de que você era tão descartável quanto os potinhos de xampu e condicionador e as toquinhas grátis enfileirados na pia do banheiro. Os homens errados sempre a deixavam parecendo uma casca de mulher murcha. Mas quantas vezes isso foi algo positivo?

Concordo que existe um alívio confortável e familiar numa vida bagunçada, como se não fizesse nenhum sentido pensar numa faxina. Mas como uma apaixonada por homens errados em recuperação, você agora está armada com autoconhecimento e poder de decisão. Você adquiriu o hábito de fazer escolhas conscientes para evitar uma faxina caótica antes que o desastre aconteça. E embora isso dê mais trabalho, garanto que antecipar o desenlace emocional será melhor que qualquer visitante inesperado que você já tenha tido.

**ALERTA:** Uma apaixonada por homens errados irá vacilar em um grupo de caras legais, quer ela goste de atenção ou... A quem quero enganar? É claro que ela gosta da atenção!

De agora em diante, as palavras "*check in*" passarão a ter outro significado. Duas vezes por mês, ponha seu fluxo de consciência no papel ou emita-o em voz alta. Recorra a momentos de reflexão para pensar nas duas semanas que se passaram e observe quando você se conectou e se desconectou de conversas, reuniões, filmes etc. Lenta mas seguramente, você irá perceber que muitas vezes os momentos com caras legais são um ingrediente para a felicidade a longo prazo, mesmo que eles assumam a forma de clientes, amigos ou do açougueiro da esquina. Reúna informações com regularidade e depois use-as para tomar decisões proativas sobre as pessoas e os locais que a fazem se sentir melhor. Aos poucos, seus instintos bem-treinados irão agir como guarda-costas durões que protegem seu coração e você irá evitar instintivamente as situações de uma apaixonada por homens errados. Também vai compreender e ajustar nuances de comportamento: por exemplo, você vai perceber quando estiver escorregando ou fingindo e saberá como mudar de atitude.

*"No meu aniversário, esse tipo delicioso de cavalheiro me pagou um drinque caríssimo no bar que lhe custou 130 reais!"*
Elisângela, 32 anos

Quanto mais você se avaliar, menos trabalhoso vai lhe parecer. Seu caderno vai se tornar seu amigo, a fala emotiva irá se tornar intuitiva e os caras legais se encaixarão em sua vida com mais facilidade. Quando você finalmente alcançar o equilíbrio, fingir que é a esposa de um cara legal em um hotelzinho caro será duplamente divertido, porque você finalmente vai agir como a pessoa que devia ser.

## Pode repetir?

Aqui vai o mais estranho a respeito de ser uma apaixonada por homens errados em recuperação. Em certo momento, os homens errados enxamearam ao meu redor; embora eles estivessem incluídos nas categorias carente, egoísta, com medo de compromisso ou emocionalmente deficiente, isso não me parecia importante. Talvez eu simplesmente soubesse o que dizer ou como me vestir ou com qual deles sair para fazê-los voltar. Mas desde que estou com meu cara legal, juro sobre os ternos beijos de meu namorado que todos os meus admiradores também são legais. Na verdade, não viro a cabeça de um homem errado há mais de três anos! Não que eu tenha perdido o jeito, e a menos que todos sejam mentirosos consumados, meus amigos me dizem que não sou de se jogar fora. Então, o que houve?

Acho que a questão é que eu simplesmente me livrei do círculo imediato de homens errados e agora os rebeldes não são mais atraídos por mim. Não devo mais emitir o perfume de uma garota baladeira procurando aventuras, mas o de uma mulher que confia no poder do verdadeiro amor. E embora a indiferença diante de machões típicos possa ter atraído homens errados no passado, isso não tem funcionado hoje em dia. Talvez porque eu não esteja mais fingindo indiferença para seduzi-los, minha atitude de quem-se-importa é sincera. E algo me diz que os homens errados sentem isso.

Isso não significa que eu tenha menos admiradores secretos do que quando era uma ativa apaixonada por homens errados. Também vai acontecer com você. Mesmo que você esteja namorando alguém, os caras legais ainda são homens, e eles sempre serão atraídos pelo que não podem ter, por mais puro que seja o coração deles. Mas por seus valores, hábitos e círculos sociais mudarem, seu valor aumentou. Agora você atrairá homens que serão atraídos por sua presença do mesmo modo como costumavam ser atraídos por seu colo nu. Na verdade, você começará a perceber que ignora os avanços dos homens errados e os deixa de fora da conversa tão depressa como fazia com os caras legais antes de começar este programa. A diferença é que nem vai perceber que isso aconteceu. Assim, se a avaliação e o gerenciamento de erros a ajudam a continuar a ser a melhor pessoa que você pode ser, e a apresentam sem esforço a ótimos homens, então terminar com a repetição de apaixonada por homens errados será uma mudança oportuna!

## A pesca de caras legais: quando há mais de um

Uma apaixonada por homens errados irá vacilar em um grupo de caras legais, quer ela goste de atenção ou... A quem quero enganar? É claro que ela gosta da atenção! Mas tenha em mente que uma competição entre caras legais será muito menos aberta do que a de homens errados e, às vezes, acidental. Minha amiga Natália, uma apaixonada por homens errados recuperada, tem um namorado cara legal maravilhoso, e seu concorrente cara legal confundiu o radar dela porque os dois foram amigos por meses antes de seus sentimentos passarem ao romântico. A amizade ficou íntima e intensa à medida que Natália e o cara legal número 2 passaram momentos juntos explorando interesses em comum: culinária, longas corridas, caminhadas com cachorros etc. Ao contrário dos ex homens errados, o namorado cara legal não demonstrava ciúmes porque confiava genuinamente no relacionamento deles. Escolher entre os dois foi um grande desafio emocional e mental, pois, ao contrário dos ex homens errados, ambos tinham valor e corriam o risco de ser magoados. Natália descobriu que gostaria que um deles a chamasse de gorda, xingasse um garçom distraído ou desse uma cantada em sua irmã, só para que a decisão ficasse mais fácil. Depois de *muita* avaliação, Natália percebeu que seu amado era mesmo o número 1, e o amigo cara legal acabou entendendo, porque queria o melhor para ela.

**ALERTA:** Embora sua madrinha deva continuar a manter registros e receber atualizações sobre seus progressos, é responsabilidade da própria apaixonada por homens errados discernir entre homens viáveis e inaproveitáveis.

Depois de conversar com muitas apaixonadas por homens errados recuperadas, descobri que a situação de Natália não é incomum, embora não seja garantido que os triângulos amorosos com caras legais terminem de modo tão calmo. Estamos lidando com emoções sinceras, e corações partidos sinceros são uma realidade. Então, embora a natureza "paqueradora" de uma apaixonada por homens errados possa ser usada para envolver diversos interesses de uma só vez, lembre-se de que agora você está brincando com um novo arquétipo. Ajuste suas afinidades para o bem de todos. Passe tempo com tantos caras legais quantos quiser, mas saiba que o complicado de gostar de tantos bons rapazes é que eles são bons rapazes de quem realmente vale a pena gostar.

CAPÍTULO 12

# HISTÓRIAS FAMILIARES DE APAIXONADAS POR HOMENS ERRADOS

**PASSO 11:** POR MEIO DE MEDITAÇÃO E DO APOIO DA COMUNIDADE DE APAIXONADAS POR HOMENS ERRADOS, CONTINUE A MELHORAR SEU REGISTRO DE ENCONTROS. ASSOCIE SUA VONTADE À DE OUTRAS PARA APRENDER COM AS HISTÓRIAS E IMITAR A CORAGEM CUIDADOSA E CONSCIENTE DELAS.

**Durante qualquer programa de 12 Passos,** você se verá obrigada a participar de reuniões abertas e a contar sua vida a estranhos. Se isso já não fosse bastante difícil, depois você se reunirá com pessoas que comem bolachas água-e-sal amanhecidas e bebem café requentado com cara de chorosas. Como este não é um programa qualquer de 12 Passos, espero que você se acomode naquela poltrona estofada, com sua cachorrinha de estimação, Vick, beliscando morangos com açúcar e sentindo-se cada vez mais capaz. Você é esse tipo de participante de um programa de 12 Passos.

Mas há um porém! Em nome do voyeurismo e de uma tradicional dose de auto-ajuda, pedi a cinco mulheres em fases diferentes de recuperação como apaixonadas por homens errados que compartilhassem suas histórias. E você nem sabe: elas ficaram empolgadíssimas em contar suas histórias. Não que eu esteja chocada: apaixonadas por homens errados, recuperadas ou não, costumam estar mais acostumadas a ser amordaçadas do que a manterem a boca fechada.

Como a sobriedade com caras legais também pode ser mantida em reuniões em grupo, você talvez descubra que ler as histórias a seguir sacia suas necessidades de contar tudo. Mas elas também poderão se mostrar tão inspiradoras que você vai querer iniciar correndo seu grupo quinzenal de compartilhamento, talvez sob a forma de jantares ou de cafés com receitas especiais. Se for assim, que Deus a abençoe.

## *Gabriele*
## a provocadora

Moro em Los Angeles, e Hollywood é a terra dos homens errados ambiciosos com carreiras sob medida e identidades inventadas, e estou me esforçando para não gostar tanto disso. Como ninguém vem para cá para melhorar o mundo, a maioria dos homens namora seu trabalho, quando não namora uma mulher que não exige nem muito tempo, nem energia. Eu costumava dizer a mim mesma que os homens de Los Angeles não estavam à altura de me namorar até que percebi que os homens errados não estão à altura de namorar ninguém que não seja feita de papelão.

Quem está em meu currículo de homens errados? Há O Diretor, O Editor... poucos têm nomes reais até merecê-los, e infelizmente eu tenho tendência a só namorar aqueles que têm perfil no banco de dados de filmes da internet. (É muito mais eficiente do que sites de busca). Não tenho a mentalidade de uma garimpeira a procura de ouro, mas sou seduzida pelo estilo de vida de um homem errado bem-sucedido em Hollywood: os carros, as casas, as obras de arte. Algumas vezes meus telefonemas são respondidos, outras não. Eu digo a mim mesma: "Ah, ele está montando o filme ou está filmando"; quando não fazia nem um minuto eu tinha planos para o jantar e agora não tenho mais. Mas é assim que as coisas são.

O problema é que eu nunca tenho certeza se esses homens não ligaram há mais de um mês porque estavam com outra pessoa, ou não estavam interessados, ou estavam filmando em outra locação. Não quero ser a Garota do Drama nem ter chiliques. Quero que eles me achem espontânea, flexível e fácil de lidar. Eu costumava pensar que poderia jogar como eles, e que sou a propaganda real. Mas estou começando a achar que só estou zombando de mim mesma.

Quando O Diretor liga me convidando para jantar, por exemplo, ele faz um ruído tilintante ao telefone e diz: "Ouviu isso? É a Máquina da Chance. Você tem uma chance para jantar comigo hoje, e ela está esperando sua resposta..." Não vou dizer a ele que já estou de pijama, já escovei os dentes, já dei comida para o cachorro e estou lendo uma revista pela décima vez. Normalmente, aceito os convites feitos até as 23h20 e nem espero que eles venham antes. Assistimos a filmes, transamos e chamamos isso de um encontro. Ou pelo menos eu chamo.

Contudo, nos últimos tempos, tenho trabalhado duro para virar uma nova página. Livrar-se do hábito de homens errados é como montar um cavalo selvagem: depois de ser lançada para o chão algumas vezes, começa a doer de verdade, e aí não é mais divertido. Agora estou passando muito tempo com um cara legal que é tranqüilo e me apóia. Não sei se meu relacionamento com o cara legal terá um *happy end*, mas sinto que estou no caminho da recuperação.

## *Ana*
## a cuidadosa

Namorei Pedro por oito anos, e durante boa parte desse tempo ele me traiu. Eu fingia não saber de suas escapadas de homem errado porque ele conseguia compensar seu coração traiçoeiro com um exterior muito suave: passávamos aniversários em pousadas e, certa vez, ele montou um álbum de lembranças e fotos que mostravam nosso relacionamento. Eu era íntima da família dele, ele sempre demonstrava seu afeto, e só depois que uma desconhecida loira e alta me contou que havia passado a maior parte do ano anterior com ele foi que deu o clique em mim.

Então terminei o relacionamento.

No entanto, não foi um rompimento definitivo, e nós reciclamos nosso relacionamento pelo menos umas cinco vezes nos dois anos seguintes. Eu dizia a mim mesma que ele era jovem, que a traição era só uma fase e que ele era uma alma ferida necessitada de cuidados. Essa dinâmica repetiu-se muitas vezes durante o tempo em que passamos juntos: ele se sentia ferido; a família dele não o amava; ele odiava a si mesmo; ele era tão incompreendido... Você conhece tudo isso.

Meses depois eu encontrei o cara mais legal do mundo: ele se chamava Marcos. Era estudante de Direito e durante os verões trabalhava como garçom no clube de golfe que meus pais freqüentavam. Marcos ostentava jóias caras, passava horas com meu pai no campo de golfe... mas meu corpo não gostava do toque dele. Eu não sentia a mesma atração que tinha por Pedro, ainda que Marcos fosse um cara legal. Acontece que eu realmente queria gostar dele e ele era tão útil para me ajudar a passar pelo rompimento que namoramos um ano inteiro antes de eu terminar.

Não me arrependo de ter terminado com Marcos; ele me despertou para outro tipo de homem: alguém gentil, fiel, honesto, que ligue com freqüência e tenha amigas com quem não dormiu. De certo modo, ele agiu como um grupo de apoio para mim, porque o cara legal seguinte por quem me interessei é este com quem estou há três anos, e com quem vou continuar. Ele é generoso, apaixonado e vale ouro.

*"Meu cara legal e eu não celebramos o Dia dos Namorados porque ele diz que todos os dias são dos namorados. Ganho chocolates, massagens e surpresas regularmente, e estamos juntos há dois anos."*

Sueli, 19 anos

Há um truque ao namorar um cara legal: não se pode esperar uma paixão arrasadora imediata. Eles são disponíveis.

Eles lembram seu nome. Eles querem um relacionamento estável. Você tem de se abrir ao charme deles e depois esperar. Espere para que o valor deles se registre em sua mente e que ela o aceite, e depois processe um novo tipo de namoro que é diferente de tudo o que você já viveu. Quando se namora um homem errado, é preciso ter paciência com ele. Quando se namora um cara legal, é preciso ter paciência consigo mesma.

**ALERTA:** Quando se namora um homem errado, é preciso ter paciência com ele. Quando se namora um cara legal, é preciso ter paciência consigo mesma.

## *Catarina*
## A comparadora

Passei o fim de semana com minha família na praia e levei um rapaz, Marcelo, estritamente como amigo. Marcelo é a essência de um cara legal: levou uma garrafa de vinho de presente para minha mãe, cozinhou para nós e mal aceitou os elogios que lhe foram feitos. Eu estava distraída demais para me importar, porque domingo à noite eu planejava ter um encontro ardente com Eduardo, um homem errado desinteressado que cancelara nossos três encontros anteriores. Ele combinou de nos encontrarmos em um bar enfumaçado e escuro, por volta das 18 horas, e dessa vez achei que ele iria. Eu já havia me envolvido com homens misteriosos antes, mas Eduardo me seduziu a tal ponto com tantos apelidos carinhosos e alusões a nossa semelhança que nunca pensei que ele fosse quebrar meu coração do mesmo modo que desmarcava nossos programas.

No domingo à noite, as 18 horas chegaram… depois as 18h15, as 18h30, e aí, eu perguntei ao *barman*: "Por quanto tempo devo esperar um homem antes de ter certeza de que levei um cano?" O *barman* fingiu surpresa e os outros clientes também. "O que aconteceu com você?", perguntou um homem alto, casado e presunçoso que ouvia a conversa. O *barman* brincou: "Quem é esse homem? Vou convidar você para sair!" A cena parecia saída de uma comédia romântica ruim e com um segundo ato horrível. Voltei sozinha para casa, querendo ter saído com Marcelo. Eu sentia falta dele.

Porém, logo antes de me deixar para que eu fosse a meu encontro desencontrado, Marcelo disse que era melhor não conversarmos por alguns dias. Ele ficara magoado porque eu tinha dito que não retribuía seus sentimentos românticos, e agora essa breve mas significativa perda me fazia sentir tonta e doente. Os três drinques que tomei enquanto esperava por Eduardo também não ajudavam muito.

Mas, como fazem quase todos os caras legais, Marcelo reapareceu. Ele me ligou dois dias depois e me convidou para assistir ao campeonato nacional de vôlei, já que nós dois adoramos esse esporte. (Nesse meio-tempo, Eduardo tinha me mandado um *e-mail* com uma desculpa esfarrapada, que eu ignorei.) Não sei se foi o ótimo lugar em que sentamos ou se foi o rugido da multidão, mas meus hormônios enlouqueceram. Eu me inclinei e agradeci Marcelo pela noite com um grande beijo, e esse homem de 1,63 metro subitamente aumentou mais 11 centímetros.

Fui atraída para Marcelo porque nos divertíamos tanto e ele foi muito claro e sincero quanto a se sentir atraído por mim, uma mudança revigorante depois dos homens errados. Por causa do meu passado, pensei que ia acabar com um homem estilo garotão e que namorar só tinha a ver com caçar. Mas Marcelo realmente queria conversar, levar-me para jantar e viajar para alguma cidade perdida do interior nos fins de semana. Nosso namoro foi muito fácil no início, e depois que eu relaxei, percebi que Marcelo gostava de características minhas que a maioria dos homens errados considerava tolice: meu senso de humor, minha tolerância a bebidas fortes. Esta é a melhor coisa a respeito de Marcelo: nós podemos ser tolos juntos, e embora estejamos namorando há cinco meses, só há três dias é que atingi o estágio da tolice total. Tem sido uma subida lenta e constante, mas ainda estou aprendendo a lidar com os caras legais.

Recentemente vi Eduardo em uma festa e, embora em outras épocas eu pudesse ter me esforçado para que nós dois nos sentíssemos bem e à vontade, eu o ignorei por completo e fiquei o tempo todo ao lado de Marcelo. Esse homem é tudo que eu mereço. E mesmo que ele não seja O Certo, sei que um homem errado jamais será.

## *Míriam*
## a magia do tempo

Depois de ter terminado com o namorado que tive por oito anos (que era mais insosso do que um cara legal ou errado), tive uma fase de homens errados. Houve Alan, que me trazia uvas e dizia que ia me apresentar à Madonna; houve João Paulo, para quem escrevi um bilhete de agradecimento depois de uma transa de uma noite; e Edgar, que engravidou outra mulher enquanto namorávamos havia apenas cinco meses. Eu poderia continuar a lista, mas aí ia parecer garota de programa de luxo. No auge dessa fase, encontrei Afonso, um homem errado italiano com um olhar levemente estrábico que indicava problemas, e que só me fez desejá-lo ainda mais. Afonso jogava alto, mas não posso dizer que não percebi. Por exemplo, ele me levou a cinco restaurantes com o objetivo de me impressionar ao me apresentar aos gerentes. Ele nem imaginava que eu sabia que todos eram do mesmo proprietário...

Afonso tinha problemas com confiança e por mais de um mês tivemos jantares breves e fabulosos e depois íamos para a casa dele para horas de sexo incrível. Ele era como uma droga. Eu fiquei sabendo de um remédio, mas estava totalmente viciada em tudo o que vinha de Afonso. Por ele fiz minha primeira depilação total, e depois deixei que ele me lambuzasse com doce de leite. Entre os encontros, ele também me deu dicas brilhantes de como vencer no mundo dos negócios, que uso até hoje. Contudo, Afonso tinha uma data de validade de trinta dias e eu lhe dei o bilhete azul quando as coisas começaram a ficar intensas demais e um tanto animalescas. Senti-me tratada como um objeto, e lhe disse isso. É claro que isso não fez com que Afonso deixasse de perguntar se eu queria uma saideira depois de dizermos adeus.

*"O cara mais legal com quem já namorei voltou de um outro país sem avisar, três meses depois de termos terminado, para tentar me convencer de que ainda devíamos ficar juntos. Funcionou e agora estamos noivos."*
Camila, 34 anos

Um idiota típico.

Exatamente um ano se passou antes de eu ver Afonso novamente. Durante nossa separação, percebi que ninguém se comparava a ele, em diversos aspectos, e que gostaria de me conectar com ele em um nível mais profundo. Afonso também havia crescido muito. Mantivemos contato por *e-mail* e telefone, e eu estrategicamente mostrei-me a mulher compassiva, motivada, estável e respeitosa que ele tinha subestimado quando nosso relacionamento se baseava só em um sexo casual e ardente. Eu sabia que eram qualidades que ele admirava nas mulheres e que desejava em uma esposa. Lentamente, Afonso começou a apreciar meu lado profissional e minha lealdade à família. Mantive nossas conversas breves, doces e inteligentes. Quando finalmente nos encontramos para um drinque, esse foi nosso primeiro encontro real, embora fôssemos apenas amigos. No final da noite, estávamos nos braços um do outro. E quando voltei para casa sozinha, eu sabia que era verdadeiro.

De certo modo, Afonso e eu caminhamos de trás para a frente. Tivemos sexo antes de sermos realmente íntimos. Eu nunca deixo que ele sinta que me prendeu – e agora estamos casados há dois anos –, porque não foi por essa mulher que ele se apaixonou. Romances que começam com fogo, fúria e paixão artificial não criam um relacionamento sólido, pelo menos não no início. Algumas vezes é preciso desistir do controle e deixar que o tempo trabalhe a seu favor. Eu não poderia ter domado ou mudado Afonso e ele não poderia ter me amado antes de estar pronto.

**ALERTA:** Romances que começam com fogo, fúria e paixão artificial não criam um relacionamento sólido, pelo menos não no início. Algumas vezes é preciso desistir do controle e deixar que o tempo trabalhe a seu favor.

## *Olívia*
## A especialista em reformas

Já que tenho de ser sincera, namorei cerca de oito homens errados em dois anos. (Parece bastante, mas eles não ficam por perto por muito tempo.) Gosto da aparência e do perfume deles... um perfume de vida. Juro que se Calvin Klein pudesse engarrafar essa essência irresistível de "Fique-comigo-agora", ela faria enorme sucesso. Sempre fui atraída pelos suspeitos usuais: homens errados que sabiam o que dizer e como dizer isso. Depois, toda aquela coisa do sexo. Ninguém pode manipular, massagear e satisfazer meus sentidos tão bem quanto um homem errado. Pena que eu tenha precisado fugir de todos quando meu último homem errado me trocou por uma "modelo" da página central de uma revista de mulheres peladas com seios de silicone. Será que dá para ser mais lugar-comum que isso?

Encontrei meu cara legal quando jantava com amigas em uma *trattoria* da vizinhança. Minha amiga reclamou que a comida estava fria e o proprietário – um homem alto, forte e másculo chamado Miguel – desculpou-se e nos enviou um vinho por conta da casa. Quando paguei a conta, nós começamos a conversar, mas quando ele me convidou para sair eu desconversei. Miguel não parecia ser meu tipo: usava rabo-de-cavalo, uma jaqueta de couro de época e calça jeans de boca fina. De qualquer modo, um ano depois voltei ao restaurante e ele me enviou um bilhete escrito em um guardanapo: "O *barman* lembra de você". Olhei e vi Miguel trabalhando no bar, e sorri para ele. Estamos juntos há quatro anos.

Miguel é obviamente um cara legal, mas ele precisava de uma reforma! Isso é algo que todas devem saber sobre caras legais: o estilo deles raramente é impecável, e quando você está acostumada a homens errados estilo sou-*sexy*-demais-para-compromissos, as questões de moda dos caras legais podem ser difíceis de engolir. Mas é preciso descobrir potenciais. Depois que Miguel e eu nos apaixonamos, comecei a trabalhar. Fui lhe dando um par de sapatos aqui, um novo casaco de lã ali... e o convenci a cortar o cabelo! Essa foi a parte mais difícil. Não vou mentir: precisei de um pouco de coerção sexual. De qualquer modo, ele agora tem a aparência dos homens errados que eu adorava e o coração de ouro de um ótimo rapaz. A combinação perfeita!

Como quase todos os caras legais, Miguel também me compra flores, é ótimo com meus amigos e seus olhos nunca vagueiam. Mas eu soube que ele era o homem certo quando meu pai morreu. Sua solidariedade era tão autêntica que me doía vê-lo sofrer. Logo depois de meu pai falecer, eu estava na casa da minha mãe, a uma hora de distância, e quando não agüentava mais lágrimas ou histórias do tipo lembra-quando..., a campainha tocou. Eram dois carros pretos, muito sóbrios, trazendo vários pratos do restaurante de Miguel – ainda quentes – e uma bela carta dirigida a minha família, expressando seus pêsames e falando sobre todas as lembranças maravilhosas que tinha de meu pai. Nem posso dizer como isso me tocou. Um homem errado nunca agiria assim, nem que sua vida dependesse disso. Posso ter precisado fazer uma reforma na aparência de Miguel, mas eu não mudaria nada do QI emocional de meu cara legal.

# CAPÍTULO 13

## Sempre há esperança

**Passo 12:** Desfrute seu despertar emocional, espiritual e sexual, e espalhe sutilmente a mensagem das apaixonadas por homens errados a tantas garotas quanto puder.

**Você está quase lá!** Chegou ao 12º Passo! É quase hora de celebrar, mas não vá tão depressa. Este passo final é na verdade o mais importante a ser implementado para se livrar de seu velho hábito. Ele está relacionado a reconhecer seu Novo Eu e falar sobre isso a apaixonadas por homens errados que poderiam se beneficiar de uma (ou de doze) lições. Todas as apaixonadas por homens errados têm calos emocionais provocados por excesso de atrito com homens errados, e essa é uma base que você pode utilizar.

Não estou sugerindo que você venda camisetas, vá de porta em porta entregando folhetos coloridos nem que brade seu sucesso aos quatro ventos. Mas se perceber uma apaixonada por homens errados precisando de ajuda, confie que é sua responsabilidade oferecê-la. Não faça isso como se quisesse converter alguém. Nem seja solícita ou agressiva de um jeito que lembre os operadores de telemarketing. A sutileza é importantíssima aqui. Ao admitir plenamente sua situação de apaixonada por homens errados em recuperação, lembre-se de como se sentiu quando percebeu que tinha um problema: cheia de dúvidas. Frustrada. Feia. Desprezada. Agora imagine uma mulher invejável alardeando seu sucesso com caras legais em uma festa alucinante ou em uma livraria do bairro, e me diga se não gostaria de derrubá-la do pedestal. A última coisa que queremos é que essa personagem invejável seja você.

**ALERTA:** Se perceber uma apaixonada por homens errados precisando de ajuda, confie que é sua responsabilidade oferecê-la.

As apaixonadas por homens errados sabem que botas até o joelho dizem mais do que palavras. Mas veja só: as ações também! O melhor modo de incentivar as viciadas em homens errados é por intermédio do exemplo.

Nada toca mais o coração de uma apaixonada por homens errados do que ver um casal apaixonado. Uma apaixonada por homens errados pode dar a impressão de ser uma paqueradora livre, mas, como você, tudo o que ela quer é um homem que valha a pena e que a queira também. Como uma apaixonada por homens errados em recuperação e a cara-metade de seu cara legal, sua prática dos doze princípios em todas as situações (de almoços com amigas até eventos profissionais) irá ajudar a criar um exemplo que as outras irão se sentir impelidas a seguir.

## Você consegue lidar com a verdade?

Acho que sim. Acho que depois de semanas de confissões, de questionários e de orientação, você se conhece muito melhor do que gostaria de admitir. Na verdade, acho que você consegue lidar muito bem com a verdade por trás do motivo de ter conseguido se converter tão facilmente ao modo de ser de seu cara legal.

Você está sentada? Fazendo carinho na Vick? Comendo morangos? Ótimo.

Aqui está o segredo de seu sucesso: bem lá no fundo, você tinha mais do que um toque de boa moça guardado para uma hora de necessidade. Isso mesmo! Não há por que se envergonhar. Nem um pouco. Olhe para si mesma! Você está recebendo atenção, respeito e amor de alguém que a merece, e nem está perdendo toda a diversão. Você pode querer um antebraço musculoso, mas isso não é nada que seu cara legal não possa conseguir na academia. E você percebe isso agora, principalmente porque é preciso ser uma boa moça – com intenções puras e vontade férrea – para se apaixonar por um cara legal. Seu eu adorável podia estar enterrado embaixo de anos de histórias tristes de desastres amorosos, mas essa alma gentil e suave só precisava de um pouco de ajuda para voltar à superfície. Grandes acontecimentos não ocorrem todos os dias, como você sabe. E é raro que as mulheres tenham mais de um ou dois em seguida (a menos que sejam fingidos). Então, reconheça o caminho que percorreu durante os 12 Passos como uma apaixonada por homens errados e perceba que, ao fim dele, você é uma versão mais real de si mesma.

Só porque eu não recomendo jogar o seu sucesso na cara de nenhuma outra apaixonada por homens errados, isso não significa que você não deva celebrar com sua madrinha, com seu Poder Superior, com amigos, namorado e parentes! Você tem muito a celebrar agora, e muitas pessoas a agradecer por terem segurado sua mão durante o caminho. Novos amigos, novos interesses e uma nova definição de *sex appeal* são alguns benefícios adicionais. Pelo menos, dê a si mesma a festa menos civilizada que puder imaginar, com uma lista de convidados que prove que seus novos amigos podem se misturar aos velhos e que os caras legais podem se dar bem com homens errados recuperados ou platônicos. Coquetéis de frutas, convidados animados e uma festa divertida farão da noite um sucesso. Peça a seu cara legal para sair de dentro de um bolo! Monte uma barraca de beijos para agradecer sua madrinha! Coloque uma foto de um homem errado famoso e brinque de tiro ao alvo. Existem possibilidades infinitas para a festa, como existem para sua vida amorosa atual.

## Nem todos os caras legais terminam em primeiro lugar

Algumas vezes, você pode ficar pensando – mesmo que apenas por um minuto – se não está dando importância demais a sua situação de apaixonada por homens errados. Isso provavelmente vai acontecer quando estiver acompanhando uma amiga que adora paquerar todos os homens ou quando receber uma cantada de um *barman* desgrenhado em seu novo local favorito. Não analise demais, mas veja a realidade de cada situação: sua amiga vai gastar mais energia agradando a qualquer homem errado com quem esteja saindo do que ele vai gastar para agradá-la, e o *barman* desgrenhado provavelmente não lava o cabelo há dias. (Imagine o cheiro de sua fronha! Terrível.) Acredite-me, você está melhor sem isso.

De vez em quando, você também pode ficar pensando se seu cara legal é O Certo para você. Decerto, isso é algo que não posso responder, pois infelizmente nunca nos encontramos, mas você fez auto-avaliações suficientes para, pelo menos, saber o que é importante para você em um relacionamento. O que a deixa feliz? Quais são suas prioridades agora e o que projeta para o futuro? Nenhum cara legal pode ser tudo para você, mas se não se sentir satisfeita ou compatível com categorias importantes de estilo de vida (só você pode saber quais são elas), então não se acomode com esse cara que está a seu lado. Você já esteve suficientemente com homens, legais e errados, para saber como cada um deles a afeta. Algumas vezes, seu primeiro cara legal é simplesmente um ponto de partida, e não há do que se arrepender, porque você agora sabe com mais clareza o que procura em um companheiro. Claro que é mais difícil terminar um relacionamento com um cara legal do que com um homem errado, porque os caras legais são pessoas maravilhosas e se preocupam com o seu bem-estar. Se o Dia D chegar, permaneça positiva, honesta e carinhosa. Chore e depois chore mais um pouco. Você se surpreenderá com sua sinceridade quando ele lhe perguntar se ainda podem ser amigos.

**ALERTA:** Algumas vezes, seu primeiro cara legal é simplesmente um ponto de partida, e não há do que se arrepender, porque você agora sabe com mais clareza o que procura em um companheiro.

Embora você tenha se suavizado consideravelmente, não se sinta obrigada a desistir de todas as suas arestas. Ao se livrar de sua queda por homens errados, elementos inesperados de sua personalidade podem vir à tona e você nem se reconhecer. Você pode se tornar mais tola, menos ingênua, mais atraente, menos sarcástica, e isso é bom porque indica que você está mudando para melhor. Mas mantenha um pouco de aspereza. Não é preciso mudar toda a sua personalidade só porque está namorando novos tipos de homens. Além disso, é importante manter seu radar afiado para poder escapar de situações incertas com intuição aguçada. As circunstâncias podem ser confusas – por exemplo, discernir entre um homem errado e um cara legal que esteja se comportando mal – e exigir perguntas cautelosas, com sobrancelhas franzidas e um tom seguro de voz. Depois de três minutos de interrogatório, você terá uma resposta muito mais rápida do que obteria se fosse apenas amigável. Com a voz e os gestos certos, a reação de um homem a uma pergunta simples como “Foi sua mãe quem tricotou esse cachecol?” pode render informações mais precisas do que as de uma bola de cristal.

## Quando a vida lhe der bananas passadas...

Quando eu estava procurando uma história com final feliz para terminar este capítulo, minha amiga Amanda ligou para me contar a melhor história de cara legal que ouvi em semanas, anos, éons! Depois de três meses de namoro com um cara legal, Amanda fez uma torta com bananas maduras demais que ela havia pegado na cozinha dele no fim de semana anterior. Enquanto a torta ainda estava quente, ela a enviou para o escritório dele, com um bilhete que dizia: "Nunca pago o jantar, mas às vezes roubo frutas maduras demais das cozinhas dos homens e faço tortas com elas". Qual foi a resposta dele? "Uau! Faz muito tempo que uma mulher não fazia uma torta para mim..."

Com isso, Amanda percebeu que seu cara legal, ao contrário da maioria dos homens errados com quem havia namorado, gostava de dar. Ela também disse: "Acho que a maioria das mulheres modernas está condicionada a receber. Não sei como isso aconteceu. Talvez os papéis tradicionais de provedor/sustentado estejam sendo trocados. Ou talvez nós todas tenhamos ficado presas demais à liberação dos anos 1990". De qualquer modo, Amanda concluiu que depois de ter namorado homens errados havia ficado cautelosa em se abrir e mostrar seu cuidado (por exemplo: *Por que fazer um cartão para ele, quando se sabe que vai acabar no lixo?*). Mas com os caras legais, Amanda percebeu que "estar por perto de um deles faz com que eu queira ser legal também. Os caras legais cultivam a compaixão, o que diz muito vindo desta pessoa urbana e super-intelectualizada. Isso não pode ser algo ruim".

Então, eis o segredo: namorar um cara legal não é um esforço humanitário. Mas lembra a você como é agradável e intenso *querer* fazer outra pessoa sorrir, e como é importante para todos quando se consegue isso.

## POSFÁCIO

# TRAGAM OS CARAS LEGAIS DE VOLTA!

**Minha mãe é** uma professora do ensino médio. Isso talvez explique (ou talvez não) por que ela me repreendia quando eu usava a palavra "legal" quando criança, enquanto as outras crianças levavam tapas na mão por pegarem biscoitos antes do jantar. "'Legal' é uma palavra vazia", ela dizia. "Nosso idioma nos deu adjetivos muito melhores para descrever uma pessoa, um lugar ou uma coisa. 'Legal' é quase tão vazio quanto 'bom'.".

Embora as lições de minha mãe tenham sido mágicas para o vestibular, não ajudaram muito em minha vida amorosa. E se eu fosse do tipo de culpar o modo como fui criada por todas as dificuldades que enfrento, eu poderia até contar essa história e dizer que foi por isso que me tornei uma apaixonada por homens errados. Mas a verdade é que minha mãe não é a única a considerar vazias as palavras "legal" e "bom", especialmente quando se trata de homens. Os caras legais são adoráveis, generosos, amorosos, gentis, e algumas mulheres até podem dizer que mudam a nossa vida. Como uma apaixonada por homens errados em recuperação, que é louca por caras legais, sinto um dever cívico em dizer que a teoria de minha mãe é bobagem. O que você acha?

Isso mesmo. É tempo de trazer a palavra "legal" de volta! Não podemos nos permitir ser vitimizadas pela definição de outra pessoa sobre o significado de namorar bonitinho, namorar com inteligência e namorar bem. Precisamos falar a uma só voz contra a ditadura social que nos condiciona a acreditar no inacreditável: que os homens inacessíveis, insensíveis e insanos são os mais interessantes. Devemos desfazer o mito do "legal", para nunca mais precisarmos ouvir amigas reclamando: "Ele é apenas um cara legal". Isso é como dizer que os microondas são apenas convenientes ou que os maquiadores são apenas importantes no dia de seu casamento.

Então, agora que você é uma apaixonada por homens errados em recuperação, desejo de fato que você entre de novo no mundo do namoro como uma amante entusiasmada de homens de qualidade. E que acredite sinceramente que "legal" não é uma palavra vazia, e sim uma que lhe promete mais realização do que qualquer emoção barata que um homem errado possa prometer, e depois se esquecer do prometido. Se eu tivesse tido coragem de dizer isso a minha mãe há vinte anos, talvez minha "trilha do amor" tivesse sido bem diferente.

Não que eu me arrependa de algo. Minhas experiências de apaixonada por homens errados foram como foram e o papel de cada homem mostrou-se importante; relacionamentos incertos me ajudaram a enxergar melhor as qualidades dos homens de valor. Não posso deixar de pensar que é melhor ter amado e perdido alguns homens errados do que nunca ter amado. Especialmente quando tudo isso me levou a uma recompensa muito Legal.

APÊNDICE

# JÁ NÃO É SUFICIENTE?

**Claro que não!** Você pode ter se livrado de sua paixão por homens errados, mas nunca perderá o apetite insaciável por tudo o que é novo. Por esse motivo, reuni algumas dicas e curiosidades extras para mais pesquisa, crescimento e diversão. Compartilhe algumas e reserve outras. O mais importante é que você é boa e está satisfeita, e por isso finalmente pode sair e mostrar aos homens certos tudo o que aprendeu.

### RUIM *VERSUS* BOM: UM GUIA DE REFERÊNCIA DE FILMES, LIVROS E DA VIDA REAL

Para expandir seus conhecimentos sobre os arquétipos do homem errado e do cara legal, não procure mais. As listas a seguir destacam o que adoramos odiar e odiamos amar sobre os homens do passado e do presente.

## Filmes: revelando o homem errado

- *Alfie, o sedutor* (Charles Shyer, EUA, 2004)
- *Psicopata americano* (Mary Harron, EUA, 2000)
- *Um tiro na noite* (Brian De Palma, EUA, 1981)

- *Casablanca* (Michael Curtiz, EUA, 1942)
- *Chaplin* (Richard Attenborough, EUA, 1992)
- *Cidadão Kane* (Orson Wells, EUA, 1941)
- *Ligações perigosas* (Stephen Frears, EUA, 1988)
- *Um dia de cão* (Sidney Lumet, EUA, 1975)
- *O clube da luta* (David Fincher, EUA, 1999)
- *Os bons companheiros* (Martin Scorcese, EUA, 1990)
- *Atração mortal* (Michael Lehmann, EUA, 1989)
- *Abaixo de zero* (Frank Marshall, EUA, 2006)
- *Caminhos perigosos* (Martin Scorcese, EUA, 1973)
- *Pânico* (Wes Craven, EUA, 1996)
- *Dia de treinamento* (Antoine Fuqua, EUA, 2001)
- *Trainspotting – sem limites* (Danny Boyle, Inglaterra, 1996)
- *Crimes em Wonderland* (James Cox, EUA, 2003)

## Filmes: elogiando o cara legal

- *De repente 30* (Gary Winick, EUA, 2004)
- *O virgem de 40 anos* (Judy Apatow, EUA, 2005)
- *Depois de horas* (Martin Scorcese, EUA, 1985)
- *Quero ficar com Polly* (John Hamburg, EUA, 2004)
- *O diário de Bridget Jones* (Sharon Maguire, EUA, 2001)
- *Namorada de aluguel* (Steve Rash, EUA, 1987)
- *Mal posso esperar* (Harry Elfont e Deborah Kaplan, EUA, 1998)
- *As patricinhas de Beverly Hills* (Amy Heckerling, EUA, 1995)
- *Procura-se Susan desesperadamente* (Susan Seidelman, EUA, 1985)
- *Edward mãos de tesoura* (Tim Burton, EUA, 1990)
- *Procurando encrenca* (David O. Russell, EUA, 1996)
- *Legalmente loira* (Robert Luketic, EUA, 2001)
- *A pequena loja dos horrores* (Frank Oz, EUA, 1986)
- *Um lugar chamado Notting Hill* (Roger Mitchell, EUA, 1999)
- *Sintonia de amor* (Nora Ephron, EUA, 1993)
- *Totalmente selvagem* (Jonathan Demme, EUA, 1986)

- *Afinado no amor* (Frank Coraci, EUA, 1998)
- *Quando um homem ama uma mulher* (Luis Mandoki, EUA, 1994)

## Personagens da literatura: revelando o homem errado

**DRÁCULA**: Se um homem faz você mudar tanto por causa dele, então ele não vale a pena.
**FRANKENSTEIN**: É mau sinal quando ele passa mais tempo com sua criatura terrível do que com você.
**HAMLET**: A maioria dos homens errados enlouquece as garotas em sentido figurado. Este fez isso de verdade.
**HEATHCLIFF, DE *O MORRO DOS VENTOS UIVANTES***: Este é um cara vingativo mesmo.
**SIR LANCELOT**: Lance roubou o coração da rainha Guinevere, e fez com que os dois fossem banidos do reino.
**NARCISO**: O nome diz tudo.
**ROBIN HOOD**: Se ele realmente amasse Marian, teria parado de dormir na floresta e conseguido um emprego de verdade.
**ROMEU**: Isso é que é romance perigoso: se você acaba morta, o relacionamento não é bom.
**TOM SAWYER**: Ele perde Becky em uma caverna e a convence de que está morto. Será que tinha dificuldades em assumir compromissos?
**O COELHO BRANCO, DE *ALICE NO PAÍS DAS MARAVILHAS***: Ele foge, ela corre atrás, e quase perde a cabeça por causa disso. Aprendam a lição, meninas...

## Personagens da literatura: elogiando o cara legal

**CYRANO DE BERGERAC**: Que amigo fiel! E você sabe o que dizem sobre o tamanho do nariz de um homem...
**MR. DARCY, DE *ORGULHO E PRECONCEITO***: Uma prova de que caras legais também ficam bem de camiseta molhada.

**FRED, DE *BONEQUINHA DE LUXO***: Fred era gay, mas os bons muitas vezes são. Hollywood renovou nossa fé em um certo caráter refinado...

**O PRÍNCIPE SAPO**: Que charme! Que graça! Passar anos preso em um corpo de anfíbio é um ótimo modo de aprender boas maneiras.

**REI ARTHUR**: Ele deu tudo a sua mulher, e depois a perdeu e perdeu a guerra. Ninguém disse que os caras legais ganham sempre...

**MARCUS, DE *OS MISERÁVEIS***: Ele disse que pertencia a Cosette desde o primeiro dia. Não o responsabilize pelo fiasco de Eponine.

**ULISSES**: Ele passou dez anos tentando encontrar o caminho de volta para o seu verdadeiro amor. A maioria desistiria depois de uma semana.

**O PRÍNCIPE ENCANTADO**: Há um motivo para tantas ainda estarem à sua procura.

## Figuras históricas: revelando o homem errado

**ÁTILA, O HUNO**: Você sabe que seu homem evita passar um tempo de qualidade em casa quando ele foge para invadir a Europa.

**NAPOLEÃO BONAPARTE:** Ele disse que tinha ido, mas continuou voltando.

**CALÍGULA**: Mesmo que ele dissesse que você era a única, as noites de sábado sempre eram dedicadas à orgia.

**BILL CLINTON**: Já era bem ruim ele fumar charutos...

**GANDHI**: Com certeza, não bateria em você, mas sempre faria você se sentir gorda comparada a ele.

**ADOLF HITLER**: Pergunte a Eva Braun se esse relacionamento terminou bem.

**THOMAS JEFFERSON**: O pai da América, e também de um monte de bebês de raças diversificadas.

**PLATÃO**: Em vez de jantar em casa, ele preferia se encontrar com os rapazes... especialmente os bem novinhos.

**VINCENT VAN GOGH**: É preciso se esforçar mais para impressionar uma mulher do que apenas cortar uma orelha. **VEJA ABELARDO**.

## Figuras históricas: elogiando o cara legal

**ABELARDO**: Um monge medieval que fez o maior sacrifício por Heloísa: seus testículos.
**JOHN ADAMS**: Ele dava valor à opinião dela sobre o governo do país e ignorou as questões presidenciais para ficar ao lado dela quando ela estava doente. Não foi lá essas coisas para os Estados Unidos, mas foi muito legal para a esposa.
**ROBERT BROWNING**: Apaixonou-se por sua futura esposa, Elizabeth, lendo as poesias dela, e a incentivou a sair do quarto pela primeira vez em anos. Nunca saberemos como uma rica herdeira e figura literária internacionalmente famosa inspirou tanta devoção...
**WINSTON CHURCHILL**: Apesar do bombardeio de Londres, ele sempre tinha tempo para a família.
**JESUS**: Uma mulher não lava os pés de um homem à toa.
**ABRAHAM LINCOLN**: Ele libertou os escravos e ainda tinha tempo para levar sua amada a um show.
**PAUL NEWMAN**: Casal que faz molho de salada unido permanece unido.
**CHRÉSTIEN DE TROYES**: Escreveu os romances arturianos que ajudaram a popularizar o cavalheirismo. Da próxima vez em que um homem puxar a cadeira para você sentar, agradeça a Chréstien.

### RUIM VERSUS BOM: MAPA DE VIAGEM

Depois de ter aceitado sua situação de apaixonada por homens errados, sempre é bom ter um incentivo extra na jornada de recuperação. Especialmente quando isso inclui uma mistura de dicas de sexo, palpites de mãe e diferença entre bom e chato...

## Por que seu cara legal é ótimo no sexo de estilo homem errado

**SUBMISSÃO**: Ele não vai amarrá-la e depois sair para tomar uma cerveja. Além disso, vai cumprir o combinado quanto a sexo seguro.
**FALAR SUJO**: Ele vai sussurrar erotismos picantes em seu ouvido e não vai fantasiar fazê-los com a garçonete mais quente que ele conhece.
**MASSAGEM ERÓTICA**: Ele vai apertar músculos cansados com dedos firmes, e esperar mais de 30 segundos antes de pedir retribuição.
**DEMONSTRAÇÃO DE AFETO EM PÚBLICO**: Sua idéia de demonstração de afeto em público não inclui agarrar seus seios na festa da empresa.
**SEXO POR TELEFONE**: Ele não vai ligar a cobrar.
**BRINQUEDOS SEXUAIS**: Ele sabe consertá-los quando quebram.
***STRIPTEASE***: Enquanto você balança os quadris apenas de tanga, ele não vai compará-la desfavoravelmente com uma dançarina de boate e depois contratar a própria para treinar você.

## Sabedoria maternal: uma carta da minha mãe

Queridas Leitoras,

A única coisa pior do que ser uma apaixonada por homens errados é ser a mãe de uma delas. Sei que o destino de uma apaixonada por homens errados é difícil, mas acredite em mim: não é nada comparado ao que seus pais passaram com você. Tente deixar sua incredulidade de lado por um minuto...

Imagine ter uma filha jovem, solteira e vulnerável que mora sozinha. O telefone toca às 2 horas da manhã, seu coração dispara e você já espera ouvir a voz controlada de um policial do outro lado da linha. Em vez disso, ouve a voz da garotinha que lhe diz, entre soluços, que acabou de saber que seu namorado de três meses transou com uma loira que ele conheceu na festa de aniversário do chefe.

Eu me lembro quando isso aconteceu com Kristina. Tentei confortá-la chamando o cara de idiota e cafajeste. Mas o que eu realmente queria fazer era perguntar: “O que você esperava?” Tipos atraentes, hipnóticos e carismáticos que seduzem com palavras vazias e grandes pênis são bons para transas de uma noite, nada mais. Normalmente, eles são bonitões, extremamente viris e muito persuasivos. Homens errados fazem as mulheres se sentirem *sexys*, necessárias e importantes, mas também podem fazer com que elas se sintam usadas, sem valor e descartáveis. E, como almas torturadas, esses vermes carregam mais bagagem que uma família em férias.

Relacionamentos duradouros acontecem com homens que são amorosos e também leais; interessantes e também úteis para o mundo. Caras legais têm os pés no chão, e não a cabeça nas nuvens. No entanto, a cada relacionamento de Kristina com um homem errado, tudo o que eu podia fazer era ouvir minha filha lidando com seu problema mais recente. Depois de incontáveis horas de auto-reflexão, eu esperava por algumas noites não interrompidas, até o surgimento do próximo homem errado. Quando ela finalmente encontrou um cara legal genuíno, fiquei feliz por ela e por mim mesma. Finalmente eu teria direito a um bom sono.

Quando se trata de encontrar o amor verdadeiro, meu conselho é: procure um homem gentil, estável, generoso, que ame sua mãe (mas não demais) e, o mais importante, que ame você incondicionalmente. Você vai ficar empolgada e vai parar de enlouquecer seus pais.

Carinhosamente,<br>sra. Grish (pode me chamar de Anna)

## Sim, há uma diferença entre legal e chato

**UM CARA LEGAL**: Desenha um colar exclusivo para você.
**UM CARA CHATO**: Presenteia você com a coleção de bugigangas que a mãe dele chama de jóias, e diz que o presente é herança de família.

**UM CARA LEGAL**: Arruma a cama de manhã.
**UM CARA CHATO**: Arruma suas almofadas por cor, e tem um chilique quando você as tira do lugar.

**UM CARA LEGAL**: Faz sopa quando você fica doente.
**UM CARA CHATO**: Passa os antibióticos por uma fresta da porta, para não se "contaminar".

**UM CARA LEGAL**: Lê poesia em voz alta para você.
**UM CARA CHATO**: Lê um livro de geometria em voz alta para você.

**UM CARA LEGAL**: Leva-a para dançar.
**UM CARA CHATO**: Leva-a para dançar no Baile da Saudade do clube do bairro.

**UM CARA LEGAL**: Prepara uma refeição deliciosa.
**UM CARA CHATO**: Prepara uma refeição deliciosa inteiramente feita com brotos de bambu e feijão azuki.

**UM CARA LEGAL**: Faz um amor carinhoso e cheio de alma com você enquanto consulta o *Kama Sutra*.
**UM CARA CHATO**: Faz amor depressa e meio sem jeito enquanto consulta seu livro de saúde da sexta série.

## ERRADO VERSUS LEGAL: O DIA SEGUINTE

Você já não se comporta mais como uma apaixonada por homens errados, então é hora de começar de novo! Aqui estão algumas últimas sugestões do que você irá levar de cada relacionamento, e uma trilha sonora para o fundo musical.

## Jogue o velho fora e pegue o novo

**SE UM HOMEM ERRADO LEVOU SEUS:** melhores anos
**PEGUE COMO LEMBRANÇA:** os melhores jeans dele

**SE UM HOMEM ERRADO LEVOU SUA:** saúde
**PEGUE COMO LEMBRANÇA:** parte da riqueza dele

**SE UM HOMEM ERRADO LEVOU SUA:** fé no amor
**PEGUE COMO LEMBRANÇA:** a fé dele em fechaduras (use sua chave extra com sabedoria: você tem amigos que iriam gostar de uma poltrona nova)

**SE UM HOMEM ERRADO LEVOU SEU:** amor mais doce e terno e seu espírito caritativo
**PEGUE COMO LEMBRANÇA:** o Toyota Camry dele e doe para uma instituição beneficente

**SE UM CARA LEGAL LHE DER:** atenção, em qualquer que seja o assunto
**ENTÃO VOCÊ DEVE LHE DAR:** interesse (mesmo fingido) por filmes de ação e jogos de futebol

**SE UM CARA LEGAL LHE DER:** empatia
**ENTÃO VOCÊ DEVE LHE DAR:** MP3s com músicas que digam quanto você se importa

**SE UM CARA LEGAL LHE DER:** sexo oral por horas
**ENTÃO VOCÊ DEVE LHE DAR:** tudo o que ele pedir, e também uma cesta com tipos variados de pães no café-da-manhã

**SE UM CARA LEGAL LHE DER:** um amor doce e terno e espírito caritativo
**ENTÃO VOCÊ DEVE LHE DAR:** aquele Toyota Camry que você quase doou para caridade

## Quem quer uma coletânea? Canções para incluir, sempre

- "50 ways to leave your lover" (50 maneiras de deixar seu amor) (Paul Simon)
- "Chain of fools" (Cadeia de tolos) (Aretha Franklin)
- "Charmless man" (Homem sem charme) (Blur)
- "The great escape" (A grande fuga) (We Are Scientists)
- "Happy alone" (Feliz sozinha) (Kings of Leon)
- "Hound dog" (Alguém apaixonado) (Elvis Presley)
- "Hung in a bad place" (Alguém em um lugar ruim) (Oasis)
- "I'll be alright without you" (Vou ficar bem sem você) (Journey)
- "Independent woman pt. 1" (Mulher independente parte 1) (Destiny's Child)
- "I'll survive" (Sobreviverei) (Gloria Gaynor)
- "I won't die alone" (Não vou morrer sozinha) (Shelby Lynne)
- "Kick" (chute) (INXS)
- "The power of goodbye" (O poder do adeus) (Madonna)
- "Since I left you" (Depois que deixei você) (The Avalanches)
- "There, there" (Ali, ali) (Radiohead)
- "Tired" (Cansado) (Tommy Lee)
- "Wake up" (Acorde) (Missy Elliot)
- "Weirdo" (Estranho) (The Charlatans)
- "Where is the line?" (Onde está o limite?) (Björk)
- "You ain't getting none" (Você não vai ganhar nada) (Eve)

## Quem quer uma coletânea? Canções a evitar, a todo custo

- "Aging spinsters" (Solteironas velhas) (The 6ths)
- "Bad boys" (Garotos maus) (Janet Jackson)
- "Come undone" (Venha sem se arrumar) (Duran Duran)

- "Communication breakdown" (Desastre na comunicação) (Led Zeppelin)
- "The dangling conversation" (A conversa pendente) (Simon and Garfunkel)
- "Driving sideways" (Dirigindo de lado) (Aimee Mann)
- "The drugs don't work" (As drogas não funcionam) (Verve)
- "Excuse me while i break my own heart tonight" (Desculpe-me enquanto machuco meu próprio coração esta noite) (Whiskey Town)
- "Fuck the pain away" (Que se f*** a dor) (Peaches)
- "I can't make you love me" (Não posso fazer você me amar) (Bonnie Raitt)
- "I fall to pieces (Estou despedaçada) (Patsy Cline)
- "Keep me hanging on" (Mantenha contato) (Kim Wilde)
- "Killing me softly" (Matando-me suavemente) (Roberta Flack)
- "Nothing compares 2 U" (Nada é igual a você) (Sinead O'Connor)
- "One" (Um) (U2)
- "Panic attack" (Ataque de pânico) (Unkle)
- "Pissed off" (Furiosa) (Angie Stone)
- "She don't love you" (Ela não ama você) (Lil' Kim)
- "She's lost control" (Ela perdeu o controle) (Joy Division)
- "Toxic" (Tóxico) (Britney Spears)

Este livro foi impresso
pela Gráfica Edelbra em
papel *offset* 75 g.